La ley de la Atracción

Mitos y Verdades sobre

el Secreto

más extraño del mundo

Dr. Camilo Cruz

TALLER DEL ÉXITO

La Ley de la Atracción

Editorial Taller del Éxito
1669 N.W. 144 Terrace, Suite 210
Sunrise, Florida 33323, U.S.A.
www.tallerdelexito.com

Editorial dedicada a la difusión de libros y audiolibros de desarrollo personal, crecimiento personal, liderazgo y motivación.

ISBN: 1-931059-39-X

Printed in the United States of America

Primera edición, 2007
Sexta reimpresión, Mayo de 2008

Índice

Introducción

"La ciencia debe ser parte de la naturaleza y de la realidad misma. Fuera de las leyes físicas y químicas presentadas en la teoría cuántica, debemos considerar la existencia de una naturaleza muy distinta, hasta ahora poco conocida para el ser humano".
—Niels Bohr, premio Nóbel de Física

Mucho se ha escrito sobre la ley de la atracción; se le ha atribuido un carácter universal, inmutable y hasta omnipotente. Aunque hay una gran cantidad de casos, hechos y observaciones documentadas que tienden a confirmar el postulado general de dicha ley, muchos cuestionan su validez, argumentando que éstas no han sido mas que simples coincidencias y casualidades que difícilmente confirman su veracidad o establecen una teoría que explique las causas de los resultados observados.

Algunas personas dirán que la capacidad de predecir como va a actuar una persona roza lo esotérico, pero lo cierto es que, como veremos más adelante, es posible generar modelos que demuestran la relación existente entre la manera de pensar de una persona, su comportamiento y sus logros.

A pesar de esto, el hecho de que afirmemos que algo es una ley no significa que en realidad lo sea. Una hipótesis no se convierte en teoría irrefutable porque nos aseguremos de presentarla usando un lenguaje científico. Su autenticidad no aumenta porque tengamos cuidado en manejar suficientes términos y expresiones de aquellos que escuchamos con frecuencia en el campo de la ciencia. Así que lo primero que me propuse al escribir este libro –de ahí su largo título—, fue dejar claro de una vez por todas si la ley de la atracción es o no es ley.

En términos simples, la ley de la atracción indica que nosotros atraemos hacia nuestra vida aquello en lo que enfocamos nuestro pensamiento de manera constante. Lo que sucede en el exterior –a nuestro alrededor o en nuestra vida— no es mas que el reflejo de lo que está ocurriendo en nuestro interior. Nuestro mundo exterior es un reflejo de nuestro mundo interno, ya que nosotros nos hemos encargado de atraer y crear nuestras circunstancias externas con nuestros propios pensamientos.

Si nuestros pensamientos dominantes están constantemente enfocados en obtener resultados positivos, en nuestras fortalezas o en hábitos de éxito –y nuestras acciones refuerzan dicha manera de pensar— entonces eso será lo que manifestaremos en nuestra vida. Si, por el contrario, nuestros pensamientos dominantes están constantemente enfocados en la posibilidad de obtener resultados negativos, en pobres expectativas, o en nuestras debilidades, de igual manera eso es lo que atraeremos hacia nosotros mismos.

La ley de atracción establece que todo atrae su igual. Las imágenes que están grabadas en nuestra mente atraen irremisiblemente lo que representan. Aquello en lo que te enfocas tiende a expandirse en tu vida. Si te enfocas en tus debilidades, verás como éstas parecen ser cada vez mayores. Las personas, oportunidades u objetos que atraemos se asemejan en su carácter al nuestro.

Ahora bien, la pregunta es si lo que postula la ley de la atracción es en realidad una ley, una hipótesis, un modelo utilizado para describir ciertos aspectos del comportamiento humano, o una simple conjetura.

Para resolver este interrogante debemos primero entender que los términos *modelo, hipótesis* y *ley* tienen significados distintos en la ciencia de los que comúnmente solemos darles.

Los científicos utilizan el término *modelo* para referirse a la descripción de algún fenómeno, evento o hecho observable. El objetivo de dicha descripción es presentar una teoría o hipótesis que explique el *cómo* y el *porqué* de dicho fenómeno. De esta manera podremos entonces someterla a prueba por experimentación u observación y utilizar los resultados para realizar predicciones sobre eventos similares. Una *hipótesis* es una proposición o afirmación provisional y exploratoria sobre la veracidad o falsedad de un concepto, que aún no ha sido confirmada o descartada por medio de la experimentación.

Por su parte, una *ley científica* es una proposición científica confirmada que afirma una relación constante entre dos o más variables. El diccionario de la Real Academia Española de la lengua la define como: "regla y norma constante e invariable de las cosas", y define la expresión *ley universal* como una ley que es válida cualquiera que sea la naturaleza de los cuerpos a los que se aplica.

Basado en lo anterior, y en el hecho de que, como lo veremos a lo largo de esta obra, es posible poner a prueba y verificar la validez de los postulados presentados, la ley de la atracción y las proposiciones particulares derivadas de ella, podemos concluir que, lejos de ser una simple conjetura o hipótesis, la ley de la atracción es ciertamente una *ley*.

Sin embargo, éste es sólo el primer paso. Una vez establecemos que algo constituye una ley científica, es importante determinar que rama de la ciencia es la encargada de estudiar los argumentos, hechos u observaciones que ratifiquen su validez e ilustren los efectos y resultados que se derivan de ella. Esto nos permite situarla en el contexto científico adecuado y compararla con el conocimiento ya existente en esa misma área del saber. Por ejemplo, la *ley de conservación de la materia, es* una de las leyes fundamentales de la Química, área que hace parte de las disciplinas científicas conocidas como "ciencias naturales", que tienen por objeto el estudio de la naturaleza.

De otro lado se encuentran las disciplinas científicas que se ocupan de aspectos del comportamiento y actividades de los seres humanos. A ellas se les conoce como las "ciencias sociales". La literatura científica contiene muchos ejemplos que ilustran cómo las ciencias sociales, entre las cuales se encuentra la psicología, pueden establecer leyes con bases científicas.

Éste, creo yo, es el lugar apropiado, desde donde podemos estudiar los postulados y teorías presentados por la ley de la atracción, ya que durante más de un siglo, los psicólogos han diseñado diferentes modelos y pruebas para determinar cómo es que la personalidad, la manera de pensar y los rasgos relativamente permanentes que caracterizan a un individuo influyen en su comportamiento, desarrollo, emociones y conductas. Cómo veremos más adelante, muchos de estos modelos experimentales buscan establecer relaciones causa-efecto que nos permiten realizar predicciones muy útiles en áreas tan diversas como la medicina, las finanzas y las relaciones interpersonales.

El siguiente paso que quiero dar es esclarecer algunos de los mitos más comunes que se han tejido sobre la ley de la atracción. Para esto he dedicado todo un capítulo a tratar algunos de los errores en los que caemos con mayor frecuencia cuando buscamos corroborar su validez en nuestra propia vida.

Finalmente, es importante aclarar que al referirme a esta ley como "el secreto más extraño", no quiero dar a entender que de alguna manera esté reservado para unos pocos y oculto al resto de los seres humanos. Lo cierto es que todos los principios a los cuales haré referencia son simples normas que siempre han estado al alcance de cualquier persona. Todos podemos aprenderlos y practicarlos hasta convertirlos en hábitos.

No obstante, para hacerlos parte de nuestra naturaleza, debemos repetirlos una y otra vez, hasta que se vuelvan tan naturales como respirar, y sucedan como actos mecánicos que surgen de nuestro subconsciente. Tal como hemos aprendido a montar en bicicleta o a manejar automóvil, también podemos aprender los secretos del éxito y la felicidad.

Estoy absolutamente convencido que lo que encontrarás en estas páginas abrirá tu mente a un mundo donde no hay límites para los logros que puedas obtener, excepto los que tú mismo te impongas. La ley de la atracción es sin duda el camino más corto y efectivo para crear mejores relaciones, un nivel óptimo de salud, negocios exitosos y gran prosperidad en tu vida. Sin embargo, el mensaje más valioso que descubrirás en cada capítulo es que las herramientas, talentos y conocimientos necesarios para lograr todas tus metas, ya se encuentran en tu interior. Así que bienvenido a este maravilloso viaje de autodescubrimiento.

1
La eterna búsqueda del secreto del éxito y la felicidad

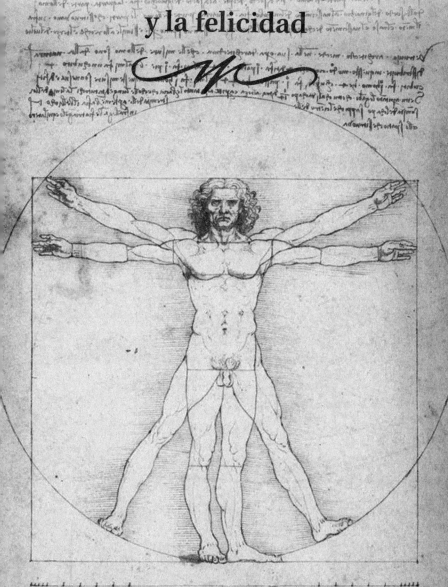

> *"Los pensamientos se asemejan al viento,*
> *no los podemos ver o tocar, pero siempre*
> *podemos observar los resultados de su presencia".*
> —Wayne Dyer

El postulado general expresado por la ley de la atracción ha sido tema de interés desde mucho antes de la era cristiana. Casi mil años antes, Salomón, rey de Israel, escribió en su libro de Proverbios: "Como él piensa dentro de sí, así es él". (Proverbios 23:7)

En el libro del profeta Habacuc, escrito cerca del año 612 a.C., donde él expone el drama de los poderes humanos se puede leer: "Y el Señor me respondió: 'Escribe la visión, y declárala en tablillas, para que pueda leerse de corrido. Pues la visión se realizará en el tiempo señalado; marcha hacia su cumplimiento, y no dejará de cumplirse. Aunque parezca tardar, espérala; porque sin falta vendrá'". (Habacuc 2: 2,3)

Para los filósofos griegos de la antigüedad, la naturaleza del ser humano, el universo que lo rodeaba, y la búsqueda y significado de la felicidad fueron el tema central del gran volumen de conocimiento generado durante varios siglos.

Sócrates propuso que el ser humano alcanzará la verdad mediante el autoconocimiento –*conócete a ti mismo*—, y el desarrollo continuo de su intelecto –*sólo sé que nada sé*—. La ignorancia nos llevará al fracaso, por lo que a través del conocimiento y la inteligencia alcanzaremos la virtud.

Pero esa inteligencia hay que desarrollarla, estimulando nuestro deseo por aprender de todas nuestras experiencias. Sólo así lograremos programar nuestra mente con el conocimiento y la razón que nos permita ser cada vez mejores seres humanos. Esa *voz interior* constituirá la única guía moral del individuo.

Sócrates no considera que la persona deba recibir un premio especial por llevar una vida virtuosa, ya que las consecuencias de esa vida son su mejor recompensa. Siglos antes, Salomón ya había enunciado este mismo concepto al escribir: "Instruye al sabio, y se hará más sabio; enseña al justo, y aumentará su saber. Si eres sabio, tu premio será tu sabiduría; si eres insolente, sólo tú lo sufrirás". (Proverbios 9:9,12)

Éste es –en esencia– el resultado final de la ley de la atracción: la felicidad que experimentamos al llevar una vida virtuosa es el mejor premio a nuestra decisión.

Si el fin del ser humano es la felicidad, como lo asevera Platón –alumno de Sócrates– y ésta sólo puede ser lograda mediante la virtud, aquel que sabotea su propio éxito y malogra su propia felicidad no lo hace a propósito, sino por ignorancia.

Él basa esta conclusión en la certidumbre de que sólo la persona virtuosa es realmente feliz, y puesto que el individuo siempre desea su propia felicidad, nunca pensaría en hacer algo a propósito que la saboteara. Sin embargo, la ley de la atracción es muy clara en precisar que el ser humano atrae hacia sí mismo lo que forma parte de su existencia y lo hace continuamente, no importa si es el resultado de un esfuerzo consciente o no.

Aristóteles también afirmó que el fin último de la vida humana es la felicidad. Cuando miraba a su alrededor, veía que los seres humanos persiguen cosas distintas. Algunos anhelan la riqueza, otros sueñan con el poder y la fama, y otros más buscan el amor y la aceptación. En ocasiones parecemos perseguir cosas totalmente opuestas. Mientras que la persona cauta busca la seguridad, la temeraria persigue la aventura y hasta el peligro. No obstante, detrás de todas las diferencias superficiales, todos buscamos lo mismo: La felicidad.

Él es claro al apuntar que ésta consiste, en parte, en el desarrollo de las virtudes éticas y en el hábito de obrar siempre con moderación, evitando los dos extremos: el exceso y la escasez. Esto reafirma lo postulado por la ley de la atracción respecto al hecho de que al centrar nuestra manera de pensar en estos extremos, igualmente viciosos, el exceso o la escasez, lo único que lograremos atraer será una vida fuera de balance que producirá insatisfacción e infelicidad.

Y aunque este capítulo no pretende establecer una validación de la ley de la atracción basada en las Sagradas Escrituras, cabe mencionar que en el nuevo testamento, se encuentran numerosas referencias que dejan de manifiesto que la ley de la atracción, lejos de ser un planteamiento esotérico en su esencia, encierra muchos de aquellos principios que Jesús compartiera con sus discípulos.

Para quienes encuentran difícil creer que todo lo que necesitamos hacer para atraer algo hacia nuestra vida es pedir, la Biblia nos dice: "Pidan, y se les dará; busquen, y encontrarán; llamen, y se les abrirá. Porque todo el que pide, recibe; el que busca, encuentra; y al que llama, se le abre". (Mateo 7:7-8). No obstante, más adelante, el mismo evangelista nos recuerda que el poder de nuestros pensamientos y nuestras palabras pueden ser la causa de nuestros éxitos o nuestros fracasos: "Porque por sus palabras serán justificados, y por sus palabras serán condenados". (Mateo 12:37)

De hecho, la Biblia nos recuerda que sucede con quien pudiendo enfocarse en la abundancia decide, en cambio, albergar en su mente pensamientos de miedo, duda y escasez. "Porque a todo el que tiene, se le dará más, y tendrá en abundancia. Al que no tiene se le quitará hasta lo que tiene" (Mateo 25: 29).

No obstante, una y otra vez, aparece claramente enunciado el precepto que le da el verdadero poder a la ley de la atracción: "Jesús, les dijo a sus discípulos: De cierto os digo, que si tuviéreis fe, y no dudareis, le diríais a esta montaña: quítate y échate en el mar, y sería hecho. Todo lo que pidiéreis en oración, creyendo, lo recibiréis". (Mateo 21:21-22)

Es claro que mucho se ha escrito sobre lo que podemos hacer para vivir una vida de plenitud, lograr el éxito, aprovechar nuestro potencial al máximo y atraer hacia nosotros la riqueza y la felicidad a la cual tanto anhelamos. Sin embargo, muchos de nosotros experimentamos tal escasez en nuestras vidas que es como si en realidad todos los principios de éxito expuestos a lo largo de más de tres milenios fueran secretos a los cuales sólo unos cuantos tienen acceso.

¿Qué podemos hacer para aprovechar la riqueza y sabiduría encerrada en toda esta información? Séneca, pensador y filósofo del siglo I dijo: "Las mejores ideas son propiedad de todos". Si nos apropiamos de ellas, las utilizamos bien, las hacemos parte de nuestra manera de pensar y actuar, veremos una gran diferencia en nuestras vidas.

Todo comienza con nuestra visión del mundo

Por largo tiempo, el ser humano ha buscado respuesta a una de las mayores incógnitas acerca de sí mismo: la magnitud del poder que reside en su mente y el papel que ésta juega en el logro de su felicidad.

Tristemente, muchas veces en medio de nuestro afán por lograr el éxito y la felicidad, buscamos fuera de nosotros algo que siempre se ha encontrado en nuestro interior: el secreto para vivir una vida plena y feliz.

Todos queremos ser felices y tener éxito en la vida; deseamos saber cuál es el secreto que nos permita lograrlo, pero al no creernos poseedores de tan valiosa fortuna, buscamos fuera de nosotros algo que es parte de nuestra esencia misma. Porque lo cierto es que todo lo que necesitamos saber para triunfar y vivir una vida plena y feliz se encuentra dentro de cada uno de nosotros.

Las respuestas a todas nuestras preguntas, las soluciones a todos nuestros problemas, el poder para hacer realidad nuestras metas más ambiciosas se encuentra en nuestro interior. Lo único que necesitamos hacer es preguntar, escuchar y confiar.

La lección más importante que debemos aprender es que las acciones y sucesos externos son sólo la manifestación física de las acciones y sucesos internos. Las imágenes mentales que consistentemente mantenemos en nuestro subconsciente, buscarán siempre manifestarse en nuestro mundo exterior.

El pesimista vive en un mundo negativo y deprimente, mientras que el optimista ha elegido vivir en un mundo positivo y lleno de oportunidades. Lo más curioso de todo es que se trata del mismo mundo. Las diferencias que ellos observan son sólo el resultado de sus pensamientos dominantes. Estos han sido los encargados de atraer la felicidad o la angustia que cada uno de ellos experimenta en su vida. Y lo mismo sucede con todos nosotros.

La buena noticia es que si en este momento no estamos viviendo la clase de vida que siempre hemos deseado, podemos crear una nueva realidad cambiando el tipo de información con la cual alimentamos nuestra mente. Nuestros pensamientos son las semillas de lo que ocurrirá en nuestra vida, y todos somos responsables de ellos.

El ser humano es, literalmente, lo que piensa. Cada persona construye sus condiciones, su éxito, sus negocios y su destino en virtud de los pensamientos que escoge y guarda en su mente. Todo lo que se manifiesta en nuestra vida es el resultado de lo que previamente se ha manifestado en nuestra mente. Así que todos nosotros somos "los arquitectos de nuestro propio destino".

En su libro: *Como piensa el ser humano, así es su vida,* James Allen se refiere a éste como a uno de los secretos más conocidos y menos practicados: ¡Todo ser humano es el forjador de sí mismo!

Los seres humanos construyen su destino de acuerdo con los pensamientos que escogen y guardan en su mente. Ésta es como un telar donde tejemos nuestro carácter y donde, con los pensamientos que mantenemos, atraemos hacia nosotros nuestras circunstancias, creamos hábitos y labramos nuestro destino. Nuestro carácter es la suma de todos nuestros pensamientos. Esta es la esencia de la ley de la atracción.

La buena noticia es que, aun si hasta ahora hemos tejido ignorancia y sufrimiento, siempre tenemos la opción de cambiar nuestra manera de pensar, y podemos comenzar a tejer sabiduría y felicidad. Esta idea no sólo se limita a tu ser, sino que abarca cada condición y circunstancia de tu vida.

Así como cada planta brota de su semilla, y no podría ser de otra manera, nuestras acciones surgen de las semillas invisibles de nuestros pensamientos, y no habrían existido sin ellos. Lo anterior es aplicable por igual a aquellos actos considerados "espontáneos" y "no premeditados" como a aquellos que se ejecutan deliberadamente.

Las acciones son retoños que han crecido a partir de nuestros pensamientos, y la dicha o el sufrimiento son sus frutos. De este modo los seres humanos cosechan los frutos, dulces o amargos, de aquello que ellos mismos han sembrado.

De manera que la calidad de vida que cualquier individuo experimenta tiene poco que ver con sus circunstancias y mucho, con su actitud personal y su manera de pensar.

En su libro: *El camino a la felicidad*, Orison Swett Marden relata que en un congreso de agricultura le preguntaron a un viejo granjero qué terreno le parecía más apropiado para el cultivo de cierto fruto, a lo que él respondió: "No importa tanto la clase de tierra en que se siembre, como la clase de persona que vaya a sembrarla".

El labrador preparado en su oficio saca provecho del suelo pobre, mientras que el inepto vive en la miseria, aún en el terreno más fértil.

Esta anécdota deja claro que la felicidad no depende tanto de las circunstancias favorables, como de nuestra actitud mental. Cualquiera es capaz de mantener una actitud positiva y optimista cuando vive en condiciones ideales. Solamente el ser equilibrado y dueño de sí mismo es capaz de conservarla, aún en medio de las condiciones más difíciles y hostiles. Si no llevamos la semilla de la felicidad en nuestro interior, no la hallaremos en ninguna parte.

Con la manera de pensar, somos los arquitectos de nuestro destino

Cuando el poeta inglés William E. Henley escribió sus proféticas palabras: "Soy el dueño de mi destino, soy el capitán de mi alma", debió habernos informado que la razón por la cual somos los dueños de nuestro destino es porque tenemos el poder de controlar nuestros pensamientos.

En su libro: *Piense y hágase rico*, Napoleón Hill afirma que "nuestros *pensamientos dominantes* tienden a magnetizar nuestro cerebro y, por mecanismos que nadie conoce bien, actúan como *imanes* que atraen hacia nosotros las fuerzas, las personas y las circunstancias de la vida que armonizan con la naturaleza de dichos *pensamientos*".

Lo único que el ser humano debe hacer para ver un mundo que funciona correctamente, es asegurarse que él piensa y actúa correctamente. En la medida en que cambia su manera de pensar respecto a sus circunstancias y a las demás personas, las situaciones y la gente cambiarán respecto a él.

Debido a la ley de la atracción sus pensamientos rápidamente se traducen en hábitos, y los hábitos se transforman en sus circunstancias. Los pensamientos dañinos y perjudiciales de todo tipo se cristalizan en hábitos que atraen y producen confusión y debilidad; y éstos, a su vez, se manifiestan en circunstancias de calamidad e infortunio.

Y puesto que todo atrae su igual, los pensamientos de temor, duda e indecisión se cristalizan en hábitos que paralizan e impiden actuar al ser humano; hábitos que conducen al fracaso, la escasez, y la dependencia. Los pensamientos de odio y condena se vuelven hábitos de acusación y violencia, los cuales se convierten, a su vez, en injuria y persecución. Los pensamientos egoístas de todo tipo se transforman en hábitos que atraen angustia y frustración.

Por otro lado, los pensamientos nobles de cualquier tipo se manifiestan en hábitos de prosperidad y bondad, y estos, a su vez, se tornan en felicidad y bienestar. Los pensamientos virtuosos se convierten en hábitos de autocontrol y dominio de sí mismo, que atraen paz y tranquilidad. Cuando albergamos en nuestra mente pensamientos de auto confianza y decisión, creamos hábitos de valor y coraje, que se traducen en éxito, plenitud y libertad. De igual manera, los pensamientos de amor y compasión se vuelven hábitos de desprendimiento, que atraen la prosperidad perdurable y la riqueza verdadera a la vida de quien los alberga.

En general, cada pensamiento, bueno o malo, que albergamos y permitimos que encuentre cabida en nuestra mente, produce el único resultado posible, tanto en el carácter que forma, como en las circunstancias que genera. Una persona no puede escoger directamente sus circunstancias, pero al elegir sus pensamientos, indirectamente las crea.

La naturaleza se encarga de permitir que cada persona atraiga hacia sí misma los resultados de sus pensamientos dominantes, y de presentarle las oportunidades que hagan realidad de la manera más rápida posible tanto sus pensamientos constructivos como destructivos.

Todo lo que el ser humano logra, o deja de lograr, es resultado directo de sus pensamientos. En un universo justo y ordenado, la debilidad o fortaleza de cada persona, su condición de vida, su integridad o corrupción son suyas y de nadie más; emanan de adentro; ella misma las crea, y no otro, y sólo ella puede alterarlas. Una persona fuerte no puede ayudar a una débil a menos que ésta desee ser ayudada. Y aun así, la débil debe hacerse fuerte por sí misma, con su propio esfuerzo, ya que nadie más que ella puede alterar su condición.

Como el ser humano piense, así es él; como siga pensando, así seguirá siendo.

Es común creer que la razón por la cual muchas personas viven en la pobreza, o bajo el yugo de la esclavitud, el abuso, o la discriminación es debido a la opresión de otros. Así que repudiemos a los opresores. Sin embargo, la ley de la atracción nos plantea que es posible invertir dicho juicio y decir: "Una persona es opresora porque muchos optan por ser esclavos, y aceptan ser abusados y discriminados, así que repudiemos a los esclavos". Eleanor Roosevelt solía decir: "nadie puede hacerte sentir inferior sin tu consentimiento".

El ser humano sólo puede elevarse y alcanzar el éxito, elevando sus pensamientos. Pero permanecerá débil, abatido y miserable si se niega a elevar su manera de pensar.

El universo no favorece al codicioso, al deshonesto, o al vicioso, aunque aparentemente a veces parezca hacerlo. El universo conspira para ayudar al honesto, al generoso y al virtuoso. Los grandes maestros de todas las épocas han manifestado esto de distintas maneras, y para probarlo y entenderlo lo único que se necesita es persistir en hacerse cada vez más virtuoso elevando nuestros pensamientos.

Cada persona puede lograr gran éxito material, e incluso alcanzar actitudes sublimes en el mundo espiritual y, aún así, descender otra vez a la miseria, si permite que los pensamientos arrogantes, egoístas y corruptos entren y encuentren cabida en su mente.

Cómo utilizar nuestros pensamientos para crear un nuevo futuro

> *"El ancestro de toda acción es un pensamiento.*
> *Toda acción ha sido precedida por un pensamiento".*
> —Ralph Waldo Emerson

Si nosotros nos hemos encargado de atraer y crear nuestras circunstancias externas con nuestros propios pensamientos, esto quiere decir que la creación física de las cosas está precedida por una creación mental, y que tu futuro se está formando en este preciso instante en el interior de tu mente.

Lo que tú piensas, crees y visualizas habitualmente se convierte en la base de todo lo que experimentarás en tu vida. Los pensamientos que crecen como semillas en el jardín del subconsciente darán forma a tu vida futura.

Lo interesante es que un pensamiento no equivale a más que una décima de voltio de electricidad. Y pese a que la gran mayoría de nosotros le prestamos poca importancia a nuestros pensamientos, esta décima de voltio ejerce una enorme influencia en nuestras emociones, acciones y en nuestro futuro. Aun cuando no podemos agarrarlos con nuestras manos, nuestros pensamientos son tan reales como cualquier objeto que podamos percibir a través de nuestros sentidos.

Si observamos con cuidado, nos podremos dar cuenta que la realidad que nos rodea, y de cuya existencia no dudaríamos, no se encuentra más que en nuestro pensamiento.

Piensa en tu relación de pareja, o en tu relación con tus padres o tus hijos. ¿En qué consiste *eso* que tú llamas *tu relación*? ¿Qué tan real es? Veamos.

¿Se encuentra esta persona en este preciso instante contigo? Si la respuesta es no, ¿quiere decir eso que tu relación con ella no existe en este momento? Por supuesto que no. Dicha relación persiste a pesar de su ausencia, ¿no es cierto?

Esto quiere decir que en este preciso instante esa relación sólo existe en tu pensamiento. Pero no por eso es menos real. Entonces, ¿qué es aquello que constituye lo que llamas *tu relación con esa persona*? Sólo pensamiento. Es mas, todo lo que ha sucedido hasta este momento en tu vida ya no existe mas que en tu pensamiento. Tu experiencia, temores, creencias, debilidades y preocupaciones existen sólo en tu mente. Pero eso no los hace menos reales.

Recuerdo el caso de un estudiante que se desmayó durante un examen en la universidad. El pobre joven estaba totalmente convencido que si reprobaba el examen, lo expulsarían de la escuela, su padre lo echaría de casa y perdería la oportunidad de hacer algo productivo con su vida.

Por supuesto, esta tragedia existía sólo en su pensamiento. Él se había encargado de armar todo este drama por sí solo; tanto se había enfocado en ello y en la inminencia de un posible fracaso que para su cuerpo fue como si ya lo hubiese experimentado. Y el poder de este pensamiento negativo fue suficiente para producir cambios químicos en su cuerpo que le provocaron un desmayo.

Este es un gran ejemplo de cómo nosotros podemos sabotear nuestro éxito al enfocarnos en eventos, ideas o cosas que crean imágenes nocivas y autodestructivas. En ocasiones extremas, las consecuencias pueden ser catastróficas. Un ejemplo es el Trastorno Dismórfico Corporal (TDC), un desorden mental caracterizado por una excesiva preocupación por un defecto en el cuerpo completamente imaginario –o muy trivial como para ser detectado por otra persona— que le causa a quienes lo padecen, deterioro físico, psíquico y social. No sólo están inconformes con su aspecto sino que están excesivamente preocupadas y hasta obsesionadas por él.

De acuerdo con la doctora Katharine Phillips, no estamos hablando de personas con deformaciones físicas, sino de personas con un aspecto normal, que "lucen bien", pero que se ven a sí mismas como feas, deformes o incluso hasta "horrorosas" o "monstruosas". Su defecto imaginario puede involucrar cualquier parte del cuerpo, aunque suele enfocarse en la cara, la piel, el pelo o la nariz.

Se calcula que entre tres y seis millones de personas sufren de este desorden. Hombres y mujeres que viven con el temor constante de estar siendo valorados negativamente por los demás; creen que otras personas están enfocadas en su "defecto". El doctor David Veale del Departamento de Psiquiatría de la Universidad de Londres, dice que las consecuencias de este trastorno son muy reales. De acuerdo con sus observaciones, quienes lo padecen suelen presentar desventajas en el trabajo o estar desempleados; permanecen socialmente aislados; muchos son solteros o divorciados y, en general, suelen sufrir de depresión y ansiedad y llegan a contemplar pensamientos suicidas o autodestructivos, todo como resultado de las imágenes que han formado en su mente, producto de sus pensamientos dominantes.

De la misma manera, la incapacidad de ciertas personas para hablar en público, el temor a las alturas, las fobias por los sitios cerrados no se deben a imposibilidades o barreras de naturaleza física, sino a limitaciones generadas y concebidas en la mente.

Con el éxito sucede exactamente lo mismo, tanto la persona que piensa y cree que va a triunfar, como la que piensa y cree que fracasará, están en lo cierto, ya que el poder para lograr lo uno o lo otro se encuentra en su mente. Aquellos que no pueden hacer algo, saben que no pueden y se visualizan así; piensan en su incapacidad constantemente y como resultado nunca lo logran.

Hay dos premisas fundamentales sobre cómo los pensamientos moldean nuestro futuro.

La primera idea es que tú solo puedes actuar basado en aquello que mantienes en tu pensamiento. Es imposible hacerlo sobre una idea que no se encuentre en la mente. Con frecuencia encuentro personas que no se explican por qué no han podido triunfar. Al preguntarles que les gustaría lograr descubro que no tienen la menor idea. ¿Cómo puedes lograr una meta que no tienes? Así que si quieres atraer algo a tu vida, tienes que asegurarte de ponerlo primero en tu mente. Recuerda que toda acción está precedida por un pensamiento.

La segunda idea es que todo aquello en lo que piensas tiende a expandirse en tu vida. Todo aquello en lo que enfoques tu mente tiende a hacerse realidad. Si te enfocas en tus debilidades, éstas tenderán a expandirse y manifestarse en tu vida. Si piensas que eres un inepto es porque seguramente siempre estás pensando en tus debilidades. Y entre más incapaz te sientas, más incompetente te percibirán los demás y así mismo te tratarán, lo cual sólo reafirmará lo que ya sabías: que eres un inepto. ¿Te das cuenta de lo peligroso que es este círculo vicioso?

Si estás experimentando escasez en algún área de tu vida, debes entender que ésta es simplemente la manifestación de algún pensamiento dominante que desde el interior de tu mente dirige tu vida y tus acciones. Aquello que sientes que falta en tu vida es, seguramente, en lo que siempre estás pensando, y carecerás de ello mientras continúes concentrado en lo mismo. Los pensamientos de insuficiencia invadirán tu mente y actuarás de acuerdo con dicha conciencia de escasez. De igual manera, si te enfocas constantemente en tus fortalezas, éstas se harán cada vez más visibles.

En nuestras relaciones sucede lo mismo. Si constantemente estás pensando en lo que le falta a tu pareja, cada día lo verás con mayor facilidad. ¿Quieres ver a tus hijos haciendo las cosas cada vez mejor? Empieza por sorprenderlos haciendo algo bien. Si te enfocas en todo lo que están haciendo mal, con seguridad, cada día los verás peores.

Hace poco una madre me decía que su hijo de seis años no hacía nada bien y que siempre lo sorprendía haciendo alguna travesura, que no se podía quedar quieto y no hacía caso. Todo esto la tenía muy mal. Así que me trajo al niño para que yo le ayudara y ella pudiera sentirse mejor. Hablé con el pequeño y él me aseguró que no tenía ningún problema.

Entonces, yo me pregunto ¿quién necesita tratamiento, el niño que actúa de acuerdo con su edad, o la mamá que siempre busca sorprenderlo en medio de alguna de sus travesuras y lo logra? Después de conversar con el muchacho, le dije a su madre: ¿Quiere que su hijo mejore? Busque la manera de sorprenderlo cuando esté haciendo las cosas bien y entre más lo sorprenda en esta actitud, más lo verá haciendo cosas buenas.

Hoy, en este preciso instante tienes la oportunidad de comenzar a construir un nuevo futuro lleno de logros, abundancia y felicidad. Todo lo que debes hacer es cambiar la calidad de pensamientos con los cuales has venido alimentando tu mente. Piensa en los sueños que deseas alcanzar; piensa en las fortalezas que tienes y las habilidades que deseas desarrollar; reflexiona sobre los hábitos que deseas ver en ti mismo y en los demás y verás como estos pensamientos tenderán a manifestarse en tu vida.

Cómo trabaja la mente en la creación de nuestra realidad

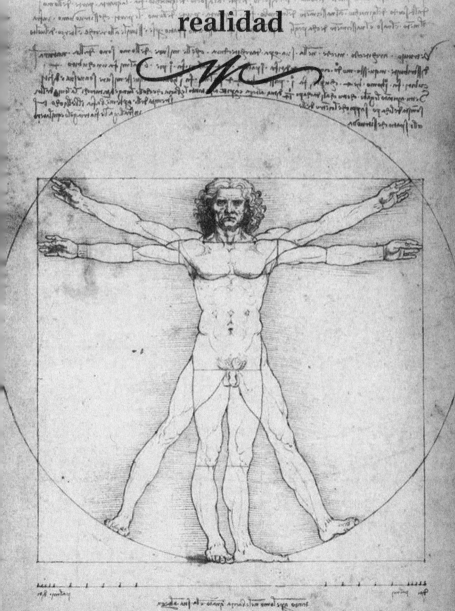

"Las palabras, ya sean habladas o escritas, no parecen jugar ningún papel en el mecanismo de formación de mis pensamientos. El lenguaje que parece prevalecer en la articulación de pensamientos son ciertos símbolos e imágenes que pueden ser reproducidas y combinadas a voluntad".
—Albert Einstein

Aun en esta era de mensajes instantáneos, correos electrónicos, "blogs", "chat rooms" y telefonía celular, la comunicación más importante es la que ocurre en el interior de tu mente, porque de ella depende en gran parte el éxito que experimentes en tu vida. Por esta razón es vital aprender el lenguaje del cerebro.

Muchos científicos han llegado a aceptar que las imágenes constituyen la mayor parte del contenido de nuestro pensamiento. A pesar de que en él existen las palabras y otros símbolos abstractos, la realidad es que estas palabras y símbolos son expresiones que pueden convertirse en imágenes. De hecho, la gran mayoría de las palabras que utilizamos en nuestro diálogo interno, antes de expresar una idea de manera hablada o escrita, existen sólo como una imagen sensorial en nuestra mente; una representación visual, auditiva, odorífica, gustativa o táctil.

Debemos tener en cuenta que las imágenes juegan un papel muy importante, tanto en el logro de nuestras metas como en el condicionamiento de aquellos comportamientos autosaboteadores que nos conducen al fracaso. Después de todo, la ley de la atracción establece que las imágenes que están grabadas en nuestra mente atraen irremisiblemente aquello que representan.

Si entendemos algunos conceptos básicos sobre el funcionamiento del cerebro, y los poderes que residen en nuestro interior, podremos utilizarlos para grabar en nuestra mente las imágenes que reflejen aquello que deseamos atraer hacia nosotros. En las siguientes secciones veremos algunos de estos poderes.

El cerebro piensa en imágenes y no en palabras

"Tú nunca conseguirás alcanzar aquello que quieres... Tú solo lograrás alcanzar aquello que puedas visualizar claramente".
—Zig Ziglar

Leíste bien: "Nunca conseguirás tener aquello que quieres, sólo conseguirás aquello que puedas visualizar". Quiero que pienses en esta idea por un momento, porque cuando yo la escuché por primera vez, debo confesarte que no le encontraba mucho sentido.

No obstante, después de observar a aquellas personas que han logrado materializar sus sueños y luego de hablar con muchas de ellas, me he dado cuenta que todas tenían algo en común: una visión clara de lo que querían alcanzar; habían creado una imagen precisa de sus sueños y sus metas y podían visualizarse claramente logrando dichas metas.

Este poder de la visualización desempeña un papel importante en el funcionamiento de nuestra mente y en el proceso de construir mentalmente aquello que deseamos atraer a nuestra vida. Estoy totalmente convencido de que la fe en nuestro éxito, nuestro valor y habilidad para tomar decisiones e identificar oportunidades, también dependen en gran medida de la claridad con que podamos visualizar nuestras metas, sueños y demás cosas que deseemos lograr.

La visualización positiva no es más que la capacidad que todos poseemos de crear una imagen mental clara de aquello que deseamos lograr, como si ya lo hubiésemos alcanzado. Es un proceso que comienza con tu diálogo interno. De acuerdo con el doctor Karl Pribram, director del departamento de neuropsicología de la Universidad de Stanford, quien es uno de los más reconocidos expertos mundiales en lo que respecta a las diversas funciones del cerebro, el poder de los pensamientos, de las ideas y, en general, de las palabras, radica en que éstas son traducidas a imágenes antes que el cerebro pueda interpretarlas; imágenes que tienen un gran poder sobre nuestras emociones, nuestras acciones y nuestro organismo.

Cuando lees la palabra AVIÓN y la repites, ya sea en voz alta o mentalmente, tu cerebro no se limita a ver las letras A-V-I-Ó-N dibujadas con grandes letras de neón en el telón de la mente subconsciente. Tu cerebro visualiza o imagina un avión. Lo mismo sucede cuando repites cualquier palabra que describe un objeto o una idea para la cual ya tienes un equivalente visual guardado en tu subconsciente. Si pronuncias una palabra cuyo significado ignoras, en un idioma que no dominas o que escuchas por primera vez, tu mente no puede traducirla a ninguna imagen.

El cerebro también puede dibujar imágenes mentales, independientemente de si éstas tienen sentido o no. ¿Qué imagen dibujas en tu mente al leer las palabras: elefante amarillo con alas rosadas?

Probablemente no necesitaste más de unas décimas de segundo para convertir en una imagen clara estas palabras, aunque conscientemente sepas que la imagen como tal no tiene ningún sentido o no representa algo que exista en el mundo real. No importa qué tanto quieras rehusarte a pensar en algo sin sentido como esto; en el preciso instante en que permites que la expresión llegue a tu mente, ella se encarga de traducirla a la que considere la mejor imagen para representar dichas palabras.

La incapacidad del cerebro para entender la palabra "No"

Uno de los descubrimientos más sorprendentes acerca del lenguaje mental es que nuestro cerebro tiende a ignorar la palabra "no". Tú estarás pensando: "¿Cómo es eso de que el cerebro no entiende la palabra no? Yo entiendo la palabra no". ¡Claro! Lo que sucede es que como el cerebro piensa en imágenes, cuando utilizas una expresión en la que se encuentra la palabra "no", lo único que consigues es dibujar en la mente aquello que se pretendía negar.

Es posible que el siguiente ejercicio te permita apreciar mejor esto. Quiero que te detengas un momento y visualices un árbol. Mientras lees, piensa en un árbol cualquiera y obsérvalo claramente en tu mente. Deja de leer por unos segundos mientras fijas esta imagen en tu mente. Ahora, mientras continúas leyendo, trata de mantener esta imagen presente en tu mente. Quiero que visualices frente a ti ese árbol verde y frondoso. Concéntrate en sus ramas y hojas verdes.

Ahora, quiero que no veas una manzana roja en ese árbol. ¡No veas una manzana roja! Para asegurarte que estás bien concentrado, una vez que termines este párrafo, cierra los ojos y concéntrate nuevamente en el árbol verde y frondoso, teniendo mucho cuidado de no ver una manzana roja en él. No veas ninguna manzana roja. Vamos cierra el libro y haz un esfuerzo.

¿Por casualidad viste una manzana roja colgando del árbol? Seguramente que así fue, ¿no es cierto? ¿Por qué sucede esto? Las instrucciones fueron claras: ¡No veas una manzana roja!

Es muy sencillo, puesto que el cerebro piensa en imágenes, él simplemente se enfoca en la parte positiva de dicha orden y hace su imagen ignorando la palabra "no".

Esto es evidente con los niños, que es con quienes más utilizamos esta palabra. Si un niño está gritando y le dices:

"No grites", muy probablemente lo seguirá haciendo. Cuando le dices: "No des portazos", es como si le hubieses dado una orden directa para que lo haga.

Cuando le dices a un niño: "no debes correr dentro de la casa", ¿qué imagen dibuja esta orden en la mente del niño? Correr por la casa, ¿no es cierto? Y éste es precisamente el comportamiento que deseas cambiar. Así que en lugar de cambiarlo, inconscientemente lo estás reforzando en la mente del niño, ya que estás ayudándole a mantenerse enfocado en esta imagen. En lugar de decir eso di algo así como "quiero que camines despacio cuando estés dentro de la casa". Esta nueva orden no sólo dibuja una imagen totalmente distinta a la anterior, sino que le permite al niño visualizar lo que tú deseas que ocurra. ¿Ves la enorme diferencia que logra el diálogo interno adecuado?

Finalmente, cuando estés practicando mentalmente algo que vas a realizar, no utilices el "no", porque lo único que harás será reforzar la acción que quieres evitar. Antes de entrar a una entrevista, cambia el "ojalá no me ponga nervioso" por un "me siento calmado y seguro".

No permitas que tu diálogo interno se convierta en un obstáculo en tu camino hacia el logro de tus sueños.

¿De qué nos sirve esto? Para empezar, cuando estés fijando tus metas, evita utilizar la palabra "no". Si una de ellas es dejar de fumar, deja de decir "no quiero fumar más", porque tu cerebro sólo escuchará, "quiero fumar más" y creará imágenes donde te veas fumando.

Utiliza los términos y las palabras que dibujen las imágenes de los resultados que deseas obtener. En lugar de decir, "no quiero fumar más" puedes decir algo como "gozo de una salud óptima; amo tener mis pulmones limpios y poder respirar profunda y fácilmente".

¿Te das cuenta de la enorme diferencia que hay en las imágenes que creas en tu mente cuando lees y pronuncias estas palabras? Y cada vez que lo digas será más fácil visualizarlo.

Recuerda, tú no atraes aquello que quieres; tú atraes aquello que puedes visualizar claramente, y esta visualización es el resultado de utilizar el lenguaje correcto y crear en tu mente la realidad que deseas experimentar.

En cierta ocasión, un participante en uno de mis seminarios me preguntó: "¿Pero, cómo puedo decir eso si aún no he dejado de fumar?" No importa, le respondí, si lo comienzas a decir con convicción y entusiasmo, comenzarás a crear en tu mente una nueva imagen mental –una nueva realidad—; estarás reprogramando tu subconsciente con un nuevo comando. Pronto verás como tu mente comenzará a ayudarte a que tu realidad exterior sea consistente con tu nueva realidad interior y con las metas que te hayas propuesto.

El poder de las imágenes mentales: ¿Ficción o realidad?

Si las imágenes que tus palabras forman son parte del mecanismo que tu mente utiliza para atraer aquello que será parte de tu vida, como lo sugiere la ley de la atracción, tiene sentido descubrir que tanto es ficción y que tanto es realidad.

Diversos estudios han demostrado que las imágenes que formamos en la mente son tan poderosas que fácilmente logran provocar respuestas en el organismo. El origen de este fenómeno fue descubierto por Steven la Berge, doctor en psicología de la Universidad de Stanford, quien dirigió un gran número de experimentos que demostraron que una imagen en la mente activa el sistema nervioso de igual manera que lo haría llevar a cabo la acción correspondiente.

La Berge demostró que el cerebro era incapaz de distinguir entre una experiencia real y una experiencia vivamente imaginada. En otras palabras, si piensas en cualquier cosa y logras asociar con este pensamiento imágenes sensorialmente ricas en color, sabor, olor y emociones, tu sistema nervioso y tu cerebro no logran discernir si lo que estás experimentando está sucediendo en realidad o simplemente lo estás imaginando. Para tu mente es como si fuese realidad, así sólo lo estés imaginando.

John Roger, autor del libro: *Usted no puede darse el lujo de tener un pensamiento negativo*, utiliza un ejemplo bastante interesante para ilustrar este punto, y quiero pedirte que sigas por un momento este ejercicio para que puedas apreciar el poder que un pensamiento puede tener sobre ti.

Varios estudios científicos han comprobado que existen conexiones directas entre la parte del cerebro donde guardamos imágenes mentales y la del sistema nervioso que controla actividades involuntarias como la respiración, el ritmo cardíaco y la presión arterial. Nuestro sistema nervioso, a su vez, está conectado con ciertas glándulas como la pituitaria –glándula responsable de la producción y liberación de hormonas que actúan en diferentes partes del cuerpo—, lo cual significa que una imagen puede, potencialmente, impactar a todas las células de nuestro cuerpo.

Por ejemplo, quiero pedirte que en la medida en que leas este párrafo, pienses en un limón, quiero que lo visualices y lo dibujes en tu mente lo más claramente posible. Busca asociar todo tipo de sensaciones con esta imagen. Si es necesario, para de leer por unos instantes para tratar de construir la mejor imagen mental de un limón que te sea posible. Trata de evocar su olor, textura y sabor. Dibuja en el telón de tu mente la imagen más clara que puedas tener de este limón.

Ahora, imagínate tomando un cuchillo y cortando este limón en dos mitades. Visualízate sacando las semillas del limón con la punta del cuchillo. Tómalo, llévalo cerca de tu nariz y aspira el olor de ese limón recién cortado. ¿Puedes olerlo? Finalmente, quiero que te imagines exprimiendo todo su jugo en tu boca y mordiendo su pulpa.

No sé que te esté ocurriendo en este preciso instante, pero si realizaste el ejercicio, visualizando lo que te estaba describiendo, es posible que hayas experimentado la respuesta de tus glándulas salivares ante esta imagen.

¿Ves? Tus glándulas salivares responden a este pensamiento de un limón tal como si la acción descrita hubiese ocurrido. Este simple pensamiento ha ocasionado una respuesta fisiológica en tu organismo que para tu mente subconsciente tiene sentido, ya que la saliva producida tiene como objetivo neutralizar el ácido que contiene el limón. Esto demuestra que tu mente ha sido incapaz de reconocer que las imágenes que está procesando no representaban un hecho que estuviese ocurriendo sino que eran simplemente un hecho imaginario.

De la misma manera, si tienes hambre y piensas en un suculento plato de comida, tu estómago responde segregando jugos gástricos tal como si estuvieses comiendo. Ni siquiera necesitas ver la comida o percibir su olor para que esto suceda; el simple hecho de pensar en ésta hace que tu cerebro actúe produciendo los ácidos gástricos que ayudarán a digerirla, lo que quiere decir que ha sido incapaz de reconocer que lo que está procesando es sólo una imagen y no la comida en sí.

Seguramente, alguna vez has visto en una película de suspenso o de terror una escena en la cual un asaltante está a punto de atacar a otra persona. El cerebro te pone a ti en medio de esta situación que, de hecho, ya es rica en estímulos sensoriales puesto que la estás viendo y oyendo y no tienes que imaginarla. Tu cerebro envía mensajes a tu organismo que te hacen reaccionar como si en realidad estuvieses en medio de esta situación. De repente, tus manos comienzan a sudar, palideces y hasta el ritmo cardíaco puede subir. Así que como ves, las imágenes mentales tienen un gran poder de sugestión.

En otro estudio, se les pidió a un grupo de personas que imaginaran que iban a caminar del punto A al punto B, en una calle conocida por ellas. En este experimento, los participantes cerrarían los ojos, caminarían mentalmente dicho tramo; al llegar al punto B dirían "ya llegué" y abrirían sus ojos. A una parte del grupo se le pidió que imaginaran que iban a caminar dicho tramo cargando una bala de cañón en las manos, mientras que al segundo grupo se le pidió que caminaran la misma distancia cargando un libro.

Aunque parezca difícil de creer, el primer grupo tardó mucho más tiempo en recorrer mentalmente aquella distancia. ¿Por qué? El peso irreal de la bala de cañón que imaginaron cargar a lo largo de aquel tramo, les había hecho caminar mucho más lentamente que al segundo grupo. Lo interesante es que ellos no recibieron instrucciones para caminar más despacio ni tenían por qué haberlo hecho. Hubiesen podido optar por caminar normalmente o más rápido, pero su mente procedió de la única manera posible ante el hecho de cargar una pesada bala de cañón.

Todos estos ejemplos son señal de que tu cerebro ha sido incapaz de entender que éstas no han sido vivencias reales sino únicamente situaciones imaginarias.

Lo que quiero que entiendas de todos estos ejemplos es que tu cerebro piensa en imágenes y este poder de transformar las palabras en imágenes que logran afectar tus funciones fisiológicas, tus emociones y tus acciones, lo puedes utilizar para edificar tu éxito o para construir tu fracaso. Funciona igual de bien tanto para lo uno como para lo otro.

Los resultados de estos experimentos nos ayudan a entender de dónde proviene el poder del cual habla la ley de la atracción. Pero también nos presenta una importante responsabilidad, el prestar atención a las imágenes que puedan estar dibujando las palabras que utilizamos. Recuerda que tu diálogo interno puede convertirse en tu mejor aliado o en tu peor enemigo.

Cuando saboteamos nuestro éxito con nuestro propio diálogo mental

La persona promedio habla consigo misma, ya sea mentalmente o en voz alta, un total de catorce horas diarias. ¿Te puedes imaginar esto? Más de la mitad del día estás hablando contigo mismo. Virtualmente, durante cualquier actividad externa que realices, tu diálogo interno nunca se detiene. Este eterno diálogo mental entre tu consciente y tu subconsciente ocurre mientras conduces tu automóvil, cuando estás trabajando o descansando, comiendo, hablando, escuchando e, inclusive, durmiendo.

Siempre estás analizando el resultado de algo que hayas hecho con anterioridad: estás preguntándote que vas a hacer más tarde, revisando tus metas, juzgando y formándote opiniones de otras personas o criticando tu propio comportamiento.

Hablar con uno mismo, meditar, reflexionar, cavilar o cuestionarse, es una forma de programar y reprogramar nuestra mente, de afirmar nuestros valores, de establecer creencias o ideales acerca de diferentes situaciones o personas, o de formar opiniones acerca de nosotros mismos, de nuestro potencial o de nuestras debilidades.

Puesto que ese diálogo interno es el mecanismo mediante el cual programamos nuestra mente, y creamos la imagen mental del futuro que deseamos edificar, tiene sentido el prestar atención a lo que estamos haciendo con esas catorce horas diarias de diálogo mental. Sorprendentemente, varias investigaciones han mostrado que más del 80% de este diálogo interno es negativo, pesimista, contraproducente y, seguramente, nos impide utilizar nuestro verdadero potencial.

Leíste bien, la gran mayoría de nosotros se encarga de sabotear su propio éxito con su diálogo interno. ¿Cómo? Muy fácil; estudiantes que van a presentar un examen o una prueba con la seguridad de que no la van a aprobar; personas que se presentan a una entrevista de trabajo con la absoluta certeza de que no serán aceptados; vendedores que visitan a sus clientes para presentarles un nuevo producto, pero inconscientemente están seguros que serán rechazados.

Tan absurdo como pueda parecer, muchas personas emplean gran parte de su día pensando en cientos de problemas que aún no han sucedido, pero pueden llegar a suceder, repasando mentalmente sus debilidades, recordando errores pasados y caídas, ensayando una y otra vez los fracasos que desesperadamente buscan evitar, o peor aún, interiorizando falsas creencias acerca de su propio potencial. Es increíble que tantas personas sean víctimas de este comportamiento irracional. Emplean casi la mitad de su día propinándose penosos castigos mentales que lo único que logran es mantenerlas atadas a la mediocridad de la cual quieren salir.

Recuerda que la ley de la atracción estipula que atraeremos hacia nosotros todo aquello en lo que concentremos nuestro pensamiento de manera constante y persistente. ¿Qué podemos atraer hacia nuestra vida si el 80% del tiempo lo dedicamos a enfocarnos en nuestras caídas, debilidades y temores? Curiosamente, gran parte del auto sabotaje ocurre de manera inconsciente. No lo hacemos porque deseemos hacernos daño. Es más, en muchas ocasiones es el resultado de buenas intenciones.

Un ejemplo sobre cómo nuestra mente puede convertirse en nuestro peor enemigo es observando lo que sucede habitualmente cuando estamos empeñados en que algo salga excepcionalmente bien. Generalmente, comenzamos a pensar en lo que tenemos que hacer para que todo salga bien y, de paso, pensamos en todo lo que *no* debemos hacer. Lo curioso es que entre más pensamos en lo que no debemos hacer, más fuerza gana esta imagen en nuestra mente. Es como si entre más dijéramos "no podemos equivocarnos en tal cosa", más nos visualizáramos equivocándonos. De repente nos invade el pánico ante la inminente posibilidad de equivocarnos, que ahora aparece más real que nunca.

Es común ver este comportamiento entre aquellos que deben hablar frente a un grupo de personas, especialmente si es de manera inesperada. Hablar en público es uno de los mayores temores de la persona promedio. Tanto es así que para muchos, el hacerlo, se encuentra más arriba que el temor a la muerte en su lista de miedos ¿Te puedes imaginar esto? Ellos aseguran que preferirían morir antes de tener que hablar en público. No es una exageración; trata de obligarlos a hablar en público y te darás cuenta del temor tan aterrador que les produce esta idea. Su estado mental cambia instantáneamente, comienzan a sudar, se les aceleran los latidos del corazón, se les debilitan las piernas al punto que muchos de ellos llegan a desmayarse.

En cierta ocasión, en una de mis conferencias sobre la comunicación efectiva, le dije a la audiencia que en unos minutos iba a escoger a una persona para pasar al frente del escenario a hablarnos sobre lo que hacía en su trabajo. Después de unos minutos comencé a caminar hacia ellos, pretendiendo buscar al afortunado voluntario que tendría que hablar ante las 600 personas que se encontraban presentes. Después de un momento, paré la búsqueda y anuncié que no llamaría a nadie y que mi verdadero propósito era que analizáramos las reacciones iniciales que experimentaron en su mente cuando hice el anuncio.

Algunas personas confesaron estar felices de poder participar y hasta levantaron la mano para que los escogiera a ellos. Sin embargo, muchos confesaron que habían comenzado a rezar para que no fueran ellos las *víctimas*; algunos experimentaron tal estado de pánico que llegaron a pensar en retirarse del salón, inventarse una salida repentina al baño o esconderse bajo la mesa.

A estas personas les pregunté: "¿Qué pasó por tu mente cuando hice aquel anuncio?" Algunos de ellos me confesaron que inmediatamente después de haberlo escuchado, ya habían construido imágenes en su mente en las que veían sus piernas temblando, sus manos sudorosas y sus rostros pálidos. Se veían hablando incoherentemente ante 600 extraños, olvidando hasta su nombre sin encontrar cómo articular la más sencilla de las ideas.

Algunos describían cómo, entre más se repetían a sí mismos "¡no me van a temblar las piernas! ¡No me van a temblar las piernas!", más veían sus piernas temblando. Y de esta misma manera, millones de personas sabotean cada día sus posibilidades de éxito. Sin quererlo, visualizan todo lo que puede salir mal, que es precisamente lo que quieren evitar. Pero entre más piensan en ello, más reales se vuelven estas imágenes. De repente, comienzan a escuchar voces internas que les dicen: "¿Qué vas a hacer? ¿Se te olvidó lo pésimo que eres hablando en público? ¡Vas a hacer el ridículo! ¿Has olvidado aquella ocasión en que tu mente se quedó en blanco y por poco te desmayas?" Todas estas imágenes, producto de su diálogo interno, no sólo no les permiten hacer un buen trabajo, sino que reafirman aún más profundamente la idea de que no sirven para hablar en público.

No sé si te has encontrado alguna vez en una situación similar, cuando debido al diálogo interno errado, tú mismo te has encargado de poner en tu mente programas mentales que te limitan, te paralizan y te hacen sentir incapaz. El resultado de este círculo vicioso es por lo general una pobre autoestima y la atracción de todo aquello que buscábamos evitar.

Así que vale la pena detenernos a pensar qué clase de imágenes estamos dibujando en nuestra mente y en la mente de los demás con nuestro diálogo interno y externo.

Si le decimos a un niño que es "un fracasado" o "un bueno para nada", ¿qué clase de imágenes formará este niño en su mente? y, más importante aún, ¿cómo lo afectarán dichas imágenes? Muchos padres prestan poca atención a esto sin pensar que sus palabras son órdenes que tienen la capacidad de programar la mente de sus hijos. Así que mantén siempre presente la relación palabra-imagen, porque esta relación te afecta y muchas veces puede ser la semilla de una pobre autoestima.

Muchas personas generan imágenes internas de fracaso y escuchan voces interiores que les recuerdan constantemente sus debilidades; dos procesos mentales que los conducen por adelantado al fracaso porque los obligan a visualizar precisamente lo que no desean.

¿Ves los efectos tan devastadores que pueden tener estas imágenes que nosotros mismos hemos creado con nuestro diálogo interno? Esta es quizás una de las consecuencias más significativas de la ley de la atracción: aquellas expectativas que nos encargamos de formar en nuestra mente terminan siendo profecías hechas realidad.

3

Mitos y verdades sobre
la ley de la atracción

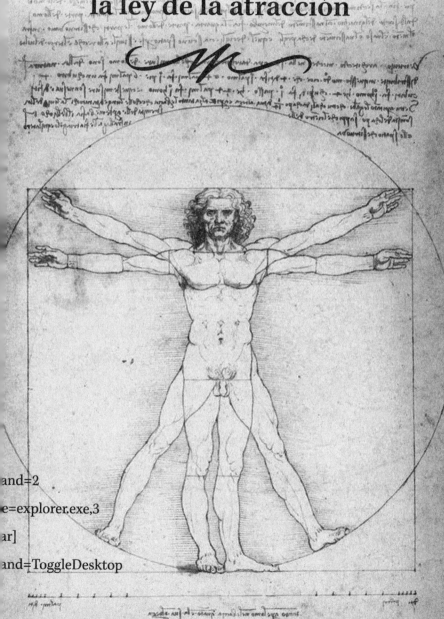

and=2

e=explorer.exe,3

ar]

and=ToggleDesktop

*"Es tal la necesidad de creer que tiene
el ser humano, que en ausencia de la verdad,
opta por creer en cualquier cosa".*
—Camilo Cruz

Tanto se ha dicho acerca de la ley de la atracción que en ocasiones es difícil discernir entre la ficción y la realidad. Pese a que los principios enunciados son aceptados por la inmensa mayoría de personas que escucha de ella y busca entender su trascendencia, algunos de los resultados y poderes que se le atribuyen, son comúnmente cuestionados por muchas de estas mismas personas. Por esta razón quiero dedicar este capítulo a presentar ciertas ideas que nos ayudarán a reconocer qué es verdad y qué es ficción.

Necesitaría todo un libro para describir el sinfín de mitos, fábulas y falsedades que se han tejido acerca de esta ley. Baste decir que la ley de la atracción no está relacionada con ninguna clase de poderes misteriosos, supersticiones esotéricas o ciencias ocultas, ni requiere de ningún tipo de accesorio externo para poder experimentar sus efectos. No necesitarás decorar tu casa con pirámides, dormir con piedras de cuarzo bajo la almohada, o usar pulseras, cadenas o joyas magnéticas.

La clase de imprecisiones, ideas y planteamientos equívocos a los que quiero referirme aquí, han sido el resultado de la interpretación errada de ciertos postulados. No hay ambigüedad ni imprecisión en cuanto a lo que la ley expresa;

no obstante, su pobre interpretación puede originar gran frustración y ser la base de pobres decisiones.

El papel que juega la actitud mental en nuestro éxito

Uno de los mitos más comunes que se han tejido acerca de la ley de la atracción es el de los falsos poderes que se atribuyen a la actitud mental. Muchas personas creen que mantener una actitud positiva ante un problema o una situación difícil, hará que dicha situación desaparezca, lo cual no es cierto. Lo que sí hace, es que determina el efecto que dicha situación pueda tener en la vida de la persona que la está enfrentando, y eso es lo verdaderamente importante.

¿Si ves la diferencia? Lo importante no es la situación que estemos viviendo, sino la actitud que tomemos frente a ella. Si has planeado una salida al parque con tu familia para celebrar tu cumpleaños, y ese día amanece lloviendo torrencialmente, la persona negativa seguramente permitirá que eso le eche a perder el día. La persona positiva sabe que su actitud no hará que deje de llover, pero tampoco dejará que este evento, sobre el cual ella no tiene ningún control, eche a perder un día tan especial. No obstante, la actitud que la persona elija ante este imprevisto será responsable por la clase de día, emociones y recuerdos que coseche al final de esas 24 horas.

Lamentablemente, pocas personas poseen un estado mental que las ayude a sobreponerse a los problemas, penas o imprevistos que puedan encontrar. Un año más tarde aún las puedes escuchar hablando de cómo la lluvia arruinó completamente su cumpleaños anterior.

Cuando han enfrentado un problema, muchos prefieren emplear su tiempo hablando continuamente de ello como si no hubiese otra cosa de mayor importancia que hablar. Forman una tenebrosa atmósfera a su alrededor, sin darse cuenta que no podrán ser verdaderamente fuertes mientras no dejen de enfocar su visión en los contratiempos de la vida.

Si aprendes a disimular tus penas y trabajar con paciencia y discreción, pronto encontrarás de nuevo el camino al éxito. Para las tribulaciones no hay remedio más eficaz que la fortaleza de ánimo.

A veces nos enfadamos y maldecimos el día porque un automóvil nos salpicó los zapatos, cuando debiéramos pensar en las maravillas de la naturaleza, que unas veces nos envuelve en la luz del sol, y otras cubre el cielo de nubes que se convierten en lluvia, equilibrando de este modo las fuerzas naturales. Hay bellezas en el cielo gris; maravillas en cada gota de lluvia o copo de nieve. ¿Por qué ignorar todo esto y alterarnos sólo por un inconveniente pequeño y sin sentido?

Orison Swett Marden describe esta actitud mental de manera hermosa cuando dice:

"En circunstancias sombrías, el optimismo es como luz del sol que disipa las tinieblas de la noche al amanecer del nuevo día. Es incalculable la influencia de un espíritu optimista. Así como basta una gota de aceite para callar el ruido del eje de una puerta, basta un simple rayo de sol para desvanecer la sombra. Y así como la beneficiosa e inspiradora influencia de la luz solar, tan necesaria para la vida y la salud, llena de regocijo toda la naturaleza y aviva el alma de la persona, un semblante alegre ilumina los corazones ajenos y fortalece a cuantos le miran y reciben ánimos para vencer los obstáculos que se les interponen en el camino.

El semblante alegre es un don propio del pobre y del rico indistintamente, del joven y del viejo. Todos tienen derecho a este don y todos pueden disfrutarlo. Cuando estamos alegres todo nos sonríe y parece como si la naturaleza entera participara de nuestra alegría y reflejara nuestro júbilo; pero si estamos tristes y abatidos, todo cuanto nos rodea toma el mismo color.

Cuando la sonrisa se apaga en nuestros labios, la mente se llena de imágenes negativas y queda infestada de dudas y temores. Cuando la valentía se marcha, viene el desorden;

cuando el júbilo sale, entra la tristeza.

Si algo necesita nuestra sociedad son personas optimistas y alegres. Lo mismo cuesta poner semblante risueño que ir de un lado a otro con el rostro tormentoso; y sin embargo, ¡cuán diversamente influiremos, según el caso, en quien nos vea, pues todos reciben la ayuda o sufren el estorbo que de nosotros emana!"

Emerson decía: "No cuelgues de las paredes cuadros siniestros ni converses de cosas sombrías y melancólicas". Si caminas con rostro afligido, estás anunciando que la esperanza ha muerto en tu interior.

No hay nada más valioso en la vida que olvidar las cosas desagradables, aquellas que nos causaron pena y que fueron obstáculo para nuestro éxito. Aprende de tus caídas y continua moviéndote a paso firme. Quien logra hacer esto, es dueño de su actitud y puede ser feliz en circunstancias prósperas o adversas, regocijándose a pesar de que otros estén tristes y disfrutando, así los demás pierdan la esperanza.

Otro gran error en el que muchas personas caen es pensar que una actitud positiva les permitirá lograr cualquier cosa que quieran. Creen que si se concentran y piensan positivamente, podrán alcanzar absolutamente todo lo que deseen. Esto es totalmente absurdo. Yo ya he aceptado que por más positivo que sea, no creo que pueda operar ahora mismo a alguien que necesite una delicada intervención quirúrgica del corazón y lograr que la persona sobreviva a la operación. Ni tampoco creo que sólo con adquirir una actitud mental positiva pueda ir a los juegos olímpicos y ganar la carrera de los cien metros.

No, una actitud mental positiva no te permitirá hacer cualquier cosa, pero si ampliará tu visión, de manera que puedas hacer todo mucho mejor que con una actitud negativa. Esta es la única verdad al respecto; ella no te convertirá en el más rápido, ni en el más inteligente, ni en el más fuerte, ni tampoco eliminará todos los problemas. Lo único que si hará será darte la oportunidad de aprovechar al máximo tu potencial y obtener los mejores resultados. No sólo podrás utilizar más eficazmente tus habilidades, sino que te ayudará a evitar que aquellos eventos sobre los cuales no tienes ningún control te afecten negativamente.

También debemos tener presente que sólo podremos atraer aquello por lo que estemos dispuestos a pagar el precio, en término de los hábitos que nos obligaremos a desarrollar y las acciones que tendremos que llevar a cabo.

Tu pensamiento puede hacer que el universo trabaje para proveerte lo que deseas, pero tus acciones deben ser tales que recibas justamente lo que mereces. No vas a recibir lo que deseas de caridad, ni te llegará sin hacer nada.

Los pensamientos de riqueza que albergues en tu mente son la semilla que dará fruto a la riqueza que deseas, pero no hará que por arte de magia tu cuenta bancaria crezca sin esfuerzo de tu parte. Para que esto ocurra debe haber armonía entre tu manera de pensar y tu forma de actuar.

Es claro que sólo recibiremos lo que hayamos sembrado. En su carta a los Gálatas, San Pablo dice: "No se engañen: Cada uno cosecha lo que siembra. No nos cansemos de hacer el bien, porque a su debido tiempo cosecharemos si no nos damos por vencidos". (Gálatas 6: 7,9)

En cierta ocasión escuché a alguien hablando de utilizar los principios de la ley de la atracción para ganarse la lotería. Tristemente, mucha gente piensa que eso es todo lo que necesitará para arreglar sus problemas. Yo nunca he sido aficionado a la lotería, particularmente porque sé que todos cosechamos en virtud de lo que hayamos sembrado, y no hay atajos ni caminos más cortos para este principio.

Sin embargo, también sé que así te la ganaras, eso no garantiza que tus problemas financieros estarán solucionados. De hecho, una y otra vez se ha visto como algunas personas que se encontraban en difíciles circunstancias financieras se ganaron la lotería, sólo para encontrarse en peores aprietos financieros, o inclusive en la bancarrota, años más tarde, pues nunca entendieron que su escasez financiera inicial no se debía a la falta de dinero, sino a la mentalidad de pobreza que guiaba sus acciones. No podemos pretender que una persona que no sabe cómo administrar cien dólares, de la noche a la mañana sepa como administrar un millón. Así que no pidas ganarte un millón de dólares en la lotería; pide y busca la sabiduría para crear y saber administrar ese millón y habrás logrado mucho más.

Cuando escucho a alguien decir que "todo lo que necesita es ganarse la lotería", se que me encuentro frente a una persona que ha caído en la trampa de *las creencias condicionales*. En mi libro: *La vaca*, hablo de cómo este tipo de creencias con frecuencia son las encargadas de mantenernos en un estado de mediocridad constante.

Algunas de estas creencias están expresadas de la forma: "Si... entonces..."

- Si me gano la lotería... entonces seré feliz.

- Si me aumentan el sueldo... entonces se acabarán los problemas financieros.

- Si me hago la liposucción... entonces mi relación de pareja mejorará.

Lo que todas estas ideas expresan es el deseo de una "cura milagrosa" o solución rápida, que no exija mucho esfuerzo, ningún cambio de comportamiento, o menos aún, el que tengamos que hacer algo a cambio. ¿Si ves lo absurdo de esto?

No busques la cura milagrosa; analiza las razones o causas que han producido la infelicidad, los problemas financieros o la pobre relación de pareja. Como verás hacia el final de este capítulo, la ley de la causa y el efecto, nos dice que todos éstos no son mas que los efectos de causas específicas que han venido operando en tu vida. Cambia las causas y cambiarás los resultados. Esa es la única verdad al respecto.

Otro mito que se ha propagado es el que tiene que ver con el poder de la autosugestión. Se le han atribuido poderes casi sobrenaturales al uso de las afirmaciones utilizadas en el proceso de la autosugestión.

Yo creo en el poder de las afirmaciones. Sé lo que las afirmaciones positivas pueden hacer por nuestra autoestima, el logro de nuestras metas y nuestro éxito. Sin embargo, es importante entender que no es la intención, sino la convicción y la decisión, las que le dan su gran poder a las afirmaciones que utilicemos.

Tú no vas a solucionar un problema de sobrepeso, simplemente repitiendo: ¡Soy delgado, soy delgado, soy delgado! No importa que tanto te concentres o con cuanto entusiasmo lo digas; si comes sin control y no haces ejercicio, todo seguirá igual y tus autoafirmaciones no servirán de nada.

Quizás por ello es que muchas personas piensan que las afirmaciones no sirven para nada, que es mejor ser realistas y aceptar las cosas tal como son. Pero lo cierto es que grandes triunfadores como Benjamín Franklin, por ejemplo, utilizaron las afirmaciones para mejorar su calidad de vida y programar su mente con las virtudes que deseaba desarrollar en su vida.

Entonces, ¿qué es verdad y qué es ficción? Napoleón Hill nos dice que para plantar en la mente la semilla original de una idea, debemos introducirla en nuestro subconsciente mediante la repetición del pensamiento. No obstante, el pretender que la repetición de una idea sea suficiente para lograr un cambio en nuestra vida, es lo mismo que pretender que con sólo sembrar una semilla en una matera, crezca y se convierta en una hermosa planta, sin necesidad de alimento, luz o agua.

Las afirmaciones sin acción son sólo intención, y como ya sabemos, las buenas intenciones no producen resultados.

¿Es posible atraer la riqueza hacia nosotros?

Como acabamos de ver, cuando nos referimos al hecho de que la creación física comienza con la creación mental y que todo pensamiento puede producir aquello que imagina, esto no significa que si deseas un auto, y formas su imagen en tu mente, éste va a aparecer de la nada frente a tus ojos.

En su libro: *El camino a la riqueza,* Wallace D. Wattles escribe al respecto:

"Si mantienes una imagen mental clara de lo que deseas lograr en tu mente –en este caso, tu auto—, y tienes la más segura e incuestionable fe de que lograrás adquirirlo; si no piensas o hablas de él de otra manera que no sea con la seguridad de que lo vas a tener y lo reclamas como tuyo, el poder de tu pensamiento se encargará de ayudarte a crear las circunstancias que establezcan que dicho automóvil sea parte de tu vida. No obstante, ten presente lo que mencioné anteriormente sobre el poder de la autosugestión. Porque tu pensamiento te ayudará a crear las oportunidades que te permitirán adquirir el auto, pero a menos que actúes, éstas pasarán de largo.

El universo está siempre a la búsqueda de personas dispuestas a dar lo mejor de sí mismas, porque quiere que ellas sean las encargadas de construir el futuro. Está diciendo: quiero manos para construir magníficas estructuras, tocar hermosas sinfonías y pintar admirables pinturas. Quiero pies para realizar todas las tareas, ojos para ver mis bellezas, lenguas para decir verdades y cantar canciones maravillosas.

Todas las posibilidades que existen en el universo están buscando materializarse y hacerse realidad a través de las personas que acepten el reto de ser la máxima expresión de lo que pueden ser. Por esta razón, el universo quiere que aquellos que anhelan tocar música tengan pianos y otros instrumentos y que tengan la manera de cultivar sus talentos. Ansía que todos aquellos que desean profundamente lograr algo, encuentren los medios con los cuales hacer realidad dicho deseo.

Entonces no dudes en pedir mucho. Tu parte es concentrarte y expresar ese deseo.

Esto es difícil de aceptar para muchas personas. Ellas aún guardan en su interior la vieja idea de que la pobreza es muestra de humildad. La ven como parte del plan, como una necesidad de la naturaleza. Tan aferrados están a esta equívoca idea que les avergüenza tan siquiera la idea de pedir riquezas. Tratan de no querer más de lo absolutamente necesario para sobrevivir".

Wattles narra el caso de un estudiante a quien le dijeron que tenía que poner en su mente una imagen clara de las cosas que deseaba, de manera que el pensamiento de éstas comenzara el proceso creativo. Él era un joven muy pobre, y apenas si lograba cubrir sus gastos y necesidades básicas.

Como te podrás imaginar, le era difícil hacerse a la idea de que todas las riquezas eran de él. Entonces, después de pensarlo, decidió pedir un tapete y un calentador para su casa, los que consiguió en unos meses.

Entonces se dio cuenta que había pedido muy poco. Así que fue a su casa y planeó todas las mejoras que le gustaría hacer. Agregó ventanas y cuartos, construyendo en su mente su casa ideal. Teniendo esa imagen en su cabeza, empezó a vivir de manera coherente con la nueva imagen que tenía, no sólo de la casa, sino de sí mismo, y a moverse hacia lo que él quería. Después de un tiempo comenzó a construir conforme a su imagen mental. Su fe aumentó y hoy se está moviendo hacia cosas mucho más grandes. A él le fue dado de acuerdo a su fe, y lo mismo sucederá con todos nosotros.

Así que la pregunta no debe ser si podemos atraer la riqueza hacia nosotros, sino cómo podemos hacerlo. Lograr la libertad financiera no requiere aplicar tu poder en nada que esté fuera de ti. Todo lo que necesitas es trabajar en ti mismo, en tu interior. Es incorrecto aplicar tu voluntad a otras personas con la intención de que hagan lo que tú quieres. Es tan errado tratar de forzar a la gente con el poder mental como lo es hacerlo por la fuerza física.

Obligar a la gente por la fuerza física es sinónimo de esclavitud; el forzarlos con la fuerza mental logra exactamente lo mismo; la única diferencia está en el método utilizado. Tomar lo que le pertenece a otro por medio de la fuerza física es robo, quitárselo por medio de la fuerza mental también es robar. No hay diferencia alguna.

De la misma manera, es imposible motivar a otros a hacer algo, ya que la verdadera motivación debe salir del interior de cada persona y es algo individual. Muchas veces creemos que estamos actuando "por su propio bien", pero lo cierto es que la decisión de triunfar, ser feliz y hacerse rico es una decisión personal.

No puedes forzar a nadie a querer lograr estas metas. En la mayoría de los casos, cualquier intento de usar tu voluntad para lograr que otros triunfen sólo conseguirá desviarte de tu propio propósito. Más que tu voluntad, lo que puede ayudarlos a ellos a tomar sus propias decisiones es tu ejemplo.

Tampoco necesitas aplicar tu voluntad a las cosas para que vengan hacia ti. No tienes que convencer a Dios para que te dé cosas buenas, más de lo que tienes que usar tu voluntad para hacer que salga el sol. Recuerda que Él está más ansioso de darte lo que quieres de lo que tú estás de recibirlo. Lo único que necesitas hacer es usar tu poder de voluntad contigo mismo.

Usa tu voluntad para hacer y pensar lo correcto. Ese es el uso legítimo de la voluntad para conseguir lo que quieras –úsala en ti mismo para mantenerte en el camino correcto—. Usa tu mente para formar una imagen mental de lo que quieres y defiende esa visión con fe y propósito.

Entre más estable y continua sea tu fe y propósito, más rápido triunfarás. La imagen de tus deseos, vista con fe y propósito, es lanzada al universo, y mientras se expande, todas las cosas se mueven para su realización. El universo entero conspirará para que triunfes.

Es fácil comprobar este principio. Imprime un pensamiento negativo en tu mente y observa lo que sucede. Verás como la duda y la falta de fe pronto harán que lo que buscas comience a alejarse de ti con la misma rapidez con que la fe hace que las cosas lleguen a ti. Cada momento que pasas con tus dudas o miedos, cada minuto que permites que las preocupaciones se adueñen de tu mente, cada instante que la falta de fe se apodera de ti, hace que aquello que deseas comience a moverse en dirección contraria.

Por esta razón es tan importante que cuides tus pensamientos, ya que tus creencias estarán moldeadas en gran medida por lo que observas y piensas. Es vital que controles aquello a lo que le prestas atención, y lo que permites que entre en tu mente. Es aquí donde tiene gran uso tu voluntad, porque es ella la que determina qué cosas van a llamar tu atención, y cuáles vas a permitir que encuentren cabida en tu mente.

Si quieres vivir una vida de riqueza, no debes enfocarte en la pobreza.

Tus deseos no se hacen realidad pensando en sus opuestos. La salud no se consigue estudiando la enfermedad o pensando y concentrándote en ella, y nadie se ha hecho rico estudiando la miseria o pensando en la escasez.

No hables de la pobreza; no la investigues ni te ocupes de ella. No te intereses en cuáles son sus causas, ni malgastes tu tiempo pensando en las terribles consecuencias que produce. Tú no tienes nada que ver con eso. Lo que te debe importar es la cura. Pon la pobreza y todo lo que se relacione con ella atrás de ti. Invierte tu tiempo en lograr tu independencia financiera. Esa es la mejor manera en que puedes combatir la pobreza, y sólo así estarás en posición de ayudar a los pobres.

No puedes mantener en tu mente la imagen de lo que quieres, si llenas tu cabeza de escasez y de todos los males asociados con ella. No leas libros, revistas o periódicos que tiendan a concentrarse en la pobreza y la miseria reinante. No escuches o veas programas que saturen tu mente con imágenes de penuria o sufrimiento.

No podrás ayudar en lo más mínimo a los pobres mirando estas cosas. Bombardear tu cerebro continuamente con esto no contribuirá a eliminar la pobreza. Desterrar la pobreza de la vida de una persona comienza con ayudarla a que alimente su mente con imágenes de riqueza y abundancia.

No creas que estás abandonando a los pobres en su miseria cuando te rehúsas a llenar tu cabeza con imágenes de escasez. La pobreza no se va a eliminar ampliando el número de gente rica que piensa en ella, sino aumentando el número de gente pobre que haga un espacio en su mente para albergar pensamientos de riqueza y tenga el propósito y la fe para hacerse autosuficiente.

Los pobres no necesitan compasión; necesitan inspiración. La compasión sólo les manda un pedazo de pan para mantenerlos vivos en su miseria, o les da un entretenimiento para que se olviden por una o dos horas de su condición. Pero la inspiración puede lograr que se levanten y salgan de su miseria. Si quieres ayudarlos, demuéstrales que se pueden hacer ricos. Demuéstraselo haciéndote rico tú mismo.

La única manera en que la pobreza será erradicada de este mundo es consiguiendo que un gran número de personas adopte los principios de abundancia que he mencionado. La gente debe aprender que la manera de triunfar es creando, no compitiendo. Quien logra la riqueza por competencia destruye la escalera por la cual subió, y cierra el camino para que otros suban. Quien triunfa creando, abre la puerta para que miles puedan entrar por ella. Usa tu voluntad para mantener tu cabeza lejos de la pobreza y enfocada con fe y propósito en la visión de lo que quieres y vas a crear.

¿La salud y la ley de la atracción?

Es increíble que tan pocas personas sean concientes de la manera como su mente influye sobre su salud. Como veremos en un capítulo posterior, nuestra manera de pensar y nuestra actitud ejercen una enorme influencia en nuestra salud mental y física. Es claro que, como lo afirma la ley de la atracción, el nivel de salud que cada uno de nosotros experimenta responde en gran medida a sus pensamientos dominantes. Tanto así que, curiosamente, las personas que viven con mayor temor a las enfermedades son quienes más rápido parecen contraerlas.

Sin embargo, muchas conjeturas se han hecho en lo referente a la ley de la atracción y la creación de un estado de salud óptimo. Se le han atribuido poderes casi sobrenaturales que pueden, potencialmente, poner en peligro la vida de muchas personas, mientras que lo verdaderamente importante –y verificable— ha sido casi completamente ignorado. ¿Existe una relación directa entre nuestra manera de pensar y nuestra salud física que nos permita asegurar que cada uno de nosotros es responsable por el nivel de salud que experimenta? ¿Dónde termina la realidad y comienza la ficción?

Sabemos que el corazón y el cerebro son los dos órganos más importantes del cuerpo humano. Una pérdida de funcionalidad del cerebro produce la muerte. Dentro de las muchas funciones del cerebro, se encuentra el mantenimiento y mejoramiento constante de la salud mental y física del individuo. Para ello, el cerebro causa la segregación de sustancias como las endorfinas, que actúan como analgésicos naturales, las gammaglobulinas que fortifican el sistema inmune, y las interferonas que se encargan de combatir las infecciones, los virus y ciertas formas de cáncer.

Un creciente número de estudios ha podido establecer que la producción de estas sustancias está influenciada en parte por los pensamientos, estados emocionales, actitudes y expectativas de la persona. Si la actitud de una persona afectada por una enfermedad es pesimista y no tiene expectativas de que su estado de salud mejore, es posible que su cerebro no produzca los niveles necesarios de las sustancias antes mencionadas para que el cuerpo comience a recuperarse.

Diversos estudios y casos médicos han logrado demostrar esta relación existente entre nuestros pensamientos y nuestra salud física y mental. En general, se ha podido observar que los pensamientos negativos y destructivos suelen manifestarse en males y afecciones del cuerpo como úlceras, trastornos cardiacos, hipertensión, artritis, males de la piel, problemas digestivos, migrañas y otras enfermedades. De igual manera, se ha logrado establecer que los pensamientos hostiles y de enojo aceleran los latidos del corazón y suben la presión arterial, mientras que la ira, el resentimiento y la tristeza debilitan el sistema inmunológico del cuerpo.

Estas actitudes y emociones negativas activan mecanismos bioquímicos, a nivel del cerebro –específicamente el hipotálamo, la hipófisis y las glándulas suprarrenales— que conllevan a una supresión o disminución de la respuesta del sistema inmunológico, haciendo entonces posible la aparición de las enfermedades.

Un ejemplo de esta relación entre nuestros pensamientos y emociones y el funcionamiento del sistema inmunológico es la influencia de las hormonas que se liberan con el estrés. Se ha visto que las catecolaminas y el cortisol, entre otras, obstaculizan la función de las células inmunológicas. Basado en esto, se ha establecido la hipótesis de que el estrés y otras emociones negativas, como la ansiedad y la depresión, podrían ser la causa de ciertas enfermedades. Aunque las investigaciones no han arrojado datos clínicos suficientes como para establecer una relación causa-efecto definitiva, se reconoce que, estas emociones, afectan la vulnerabilidad de las personas a contraer enfermedades.

Ahora bien, si el sistema nervioso central y las emociones, actitudes y creencias que se encuentran en nuestra mente, pueden influir tan directamente sobre el sistema inmunológico, debe ser posible entonces restablecer el funcionamiento óptimo del sistema inmune modificando nuestras creencias y emociones negativas.

Los mismos estudios citados anteriormente señalan que, efectivamente, los pensamientos positivos, como el entusiasmo, la esperanza y la tranquilidad, producen un flujo de neurotransmisores y hormonas en el sistema nervioso central que estimula, provee energía al cuerpo y fortalece el sistema inmunológico. De hecho, varias investigaciones han señalado que las personas optimistas sufren de menos infecciones y enfermedades crónicas que las pesimistas.

En conclusión, con nuestros malos hábitos –los cuales han sido siempre el resultado de nuestros pensamientos dominantes— nosotros mismos nos hemos encargado de atraer hacia nuestra vida el nivel de salud del cual gozamos o las enfermedades que hoy nos aquejan. Esta es la primera aplicación del enunciado de la ley de la atracción en lo que respecta a la prevención de enfermedades y la creación de un estado de salud óptimo.

Otro aspecto de la ley de atracción tiene que ver con el efecto de nuestros pensamientos en el proceso curativo y de recuperación del organismo frente a la enfermedad. Hay una amplia evidencia de la efectividad de un gran número de terapias basadas en la relación mente-cuerpo, cuya aplicación tiene altos beneficios emocionales y fisiológicos para la recuperación de diversas enfermedades, que van desde el cáncer, hasta los males cardiovasculares, pasando por el dolor, el estrés, la depresión y el SIDA.

Es importante aclarar que, a pesar de todos los beneficios enunciados anteriormente, no hay estudios médicos o científicos concluyentes que sugieran que el pensamiento positivo, la visualización o la autosugestión, por si solos, puedan reemplazar el tratamiento médico, las intervenciones quirúrgicas o el uso de medicamentos para el tratamiento de enfermedades.

Lo que si es claro es que muchos estudios conducidos por prestigiosas universidades, hospitales e instituciones como el instituto nacional de salud de los Estados Unidos, han logrado documentar un gran número de casos médicos que evidencian los extraordinarios efectos del pensamiento positivo y el optimismo en procesos postoperatorios. En general, se ha podido observar que los pacientes optimistas se recuperan más rápido de las operaciones cardiacas y logran manejar mucho mejor los efectos secundarios asociados con el tratamiento de diversos tipos de cáncer.

Todos estos estudios y casos clínicos han dado inicio al campo de la Psiconeuroinmunología (PNI), la cual se dedica al estudio de los mecanismos de interacción y comunicación entre la mente y los tres sistemas responsables de mantener la *homeóstasis* o equilibrio fisiológico del organismo: el sistema nervioso, el inmune y el endocrino. Los resultados de estas investigaciones están siendo utilizados en programas médicos de un gran número de universidades, entre las que se encuentran las de Harvard y Stanford.

Entre los mecanismos sugeridos para causar un estado mental que promueva una salud óptima se encuentran el uso de las afirmaciones positivas, la eliminación del dialogo negativo, la visualización y la creación de imágenes mentales que muestren un cuerpo saludable, libre de dolor y en proceso de recuperación. De acuerdo con la doctora Jeanne Achterberg, presidenta de la Asociación de Psicología Transpersonal, la visualización es una poderosa herramienta en el proceso de recuperación del organismo. Utilizada conjuntamente con terapias convencionales aumenta la efectividad de muchos tratamientos médicos, y reduce los efectos secundarios asociados con procesos como la quimioterapia y la radiación, utilizados en el tratamiento de ciertos tipos de cáncer.

Es indudable la influencia que nuestros pensamientos y emociones tienen sobre nuestra salud. Tal como lo manifiesta la ley de la atracción, nuestro cuerpo responde a la manera como pensamos, sentimos y actuamos. Cada día, la comunidad médica aprende más acerca de los diferentes procesos mediante los cuales la mente y el cuerpo trabajan juntos para alcanzar un estado de salud óptimo y recuperarse de las enfermedades. Sin embargo, ésta no es una idea nueva; por más de cuatro mil años las culturas orientales han estudiado el equilibrio de la mente y el cuerpo y los poderes autocurativos que esta relación genera.

Si algo nos enseña la ley de la atracción en lo que respecta a este poder autocurativo es a no vernos como seres enfermos que queremos sanar, sino como seres sanos que buscamos combatir la enfermedad que pueda estar afectando nuestro organismo.

La trampa del autoengaño

Una de las mentiras que con mayor frecuencia nos decimos a nosotros mismos es que hoy no es el mejor día para actuar, que mañana será mejor. Buscamos convencernos de que a pesar que queremos atraer el éxito y la felicidad a nuestras vidas, lo más prudente es esperar.

¿Cómo imaginas que mañana podrás realizar cosas admirables cuando decidiste no hacerlas en el momento, por parecerte el día de hoy pobre y falto de oportunidades?

Muchos de nosotros parecemos estar viviendo bajo el yugo de la versión equivoca de un viejo refrán: "Nunca hagas hoy lo que puedes dejar para mañana". Parecemos estar posponiendo constantemente nuestra propia felicidad asumiendo que el día óptimo no es hoy sino mañana, Sin embargo, ¿qué razón tenemos para pensar que seremos felices, generosos y serviciales en el futuro, cuando creemos que somos infelices hoy?

Si hasta ahora no hiciste lo que sabías que debías hacer ¿por qué te engañas pensando que lo harás mañana? ¿Cómo esperas tener tiempo de sobra más adelante, para atender a tus seres queridos, consolar a los afligidos, visitar a los enfermos y mejorarte a ti mismo, cuando afirmas que hoy no puedes ocuparte en estas cosas? ¿Por qué te parece que mañana serás generoso, si hoy eres mezquino?

No seas egoísta con las congratulaciones que puedes dar a otros, con la experiencia y consejos que puedes compartir con los demás, y menos aun con aquello de lo que puedas prescindir. No guardes lo que podría servirle a otro, ni permitas que se eche a perder en espera de que algún día lo vuelvas a usar. Permite que sean cosas útiles ahora. Deja que sirvan hoy mismo. Ya te sirvieron a ti. Ofreciéndolas a otros suavizarás tu corazón y abrirás un poco más la puerta de tu generosidad.

Orison Swett Marden, autor de *El camino a la felicidad*, narra en caso de una joven a quien le costó mucho su educación musical, pues era tan pobre, que por mucho tiempo no podía tan siquiera alquilar un piano, y para el estudio se valía de un teclado que dibujó sobre una hoja de papel oscuro. Mientras luchaba con estas dificultades, un día la invitaron a comer en casa de una familia rica, y al levantarse de la mesa, le enseñaron toda la casa.

En el desván vio arrinconado un piano viejo, por cuya posesión ella habría dado cuanto tuviera en el mundo, o gustosa habría caminado el largo trecho cada día si le hubieran permitido practicar en él. No se fijaba aquella joven en la suntuosidad de su anfitrión, ni en la elegancia de los muebles, ni en la belleza de los cuadros, ni en ninguna otra ostentación del lujo que llenaba toda la casa, ya que sólo podía pensar en el viejo piano arrinconado en el desván, y sin embargo, ni ella se atrevió a pedirlo ni a ellos se les ocurrió ofrecerlo.

Marden dice: "nadie es tan pobre que no pueda dar algo con que enriquecer a uno de sus semejantes. El que acumula riquezas para acrecentar su caudal, es como el granjero que desea proteger su semilla de trigo de los pájaros y animales, y no quiere arriesgarla sembrándola en la tierra. Así que prefiere guardarla. Absurdo. Por el contrario, debemos aprender a ser más generosos, más desinteresados y más útiles a la humanidad.

Ni la felicidad ni las buenas acciones permiten demora. Todos debemos comenzar cada labor con el total convencimiento de que, suceda lo que suceda, salgamos o no airosos de nuestros empeños, debemos ser felices en cada instante del día, sin permitir que nada nos arrebate nuestro derecho a disfrutar cada momento de nuestra vida. Debemos resolvernos a que ni accidente, ni incidente, ni condición alguna interrumpan el flujo natural de nuestro bienestar y felicidad.

Recuerda que el ayer ha muerto y que el mañana no ha nacido todavía. Lo único que es nuestro es el momento presente. Para aprovechar ahora el bien que nos pertenece, debemos extraer el dulce jugo de cada instante que transcurra mientras sea nuestro. Tal es el verdadero goce de la vida cotidiana: trabajar y gozar en el trabajo aprovechando el momento presente, que es el único de que disponemos.

Considera que cuando pierdes un día, o cuando, todavía peor, lo desperdicias en hábitos que deterioran tu carácter, estás echando a perder parte de tu vida. Lo peor de todo es que al llegar a viejo, con seguridad darías cualquier cosa por recobrar ese tiempo tan lastimosamente malgastado.

Sólo hay una manera de vivir una vida productiva y efectiva. Levántate cada mañana firmemente resuelto a obtener el mayor provecho posible de aquel día y a vivirlo en plenitud. Suceda o deje de suceder lo que sea, ocurra o no tal o cual cosa, toma la firme decisión de sacar algo bueno de cada experiencia de aquel día, algo que aumente tu saber y te enseñe la manera para que al día siguiente sean menos tus errores.

Resolvámonos cada mañana a obtener el mayor provecho de aquel día, no de otro día por venir en que cambiará nuestra suerte, tendremos una familia, habrán crecido nuestros hijos, o habremos superado todas las dificultades. Nunca las venceremos todas. Nunca seremos capaces de eliminar por completo todo aquello que nos molesta y perturba. Nunca nos desharemos de todos los pequeños enemigos de nuestra felicidad, ni de las mil y una molestias de la vida.

Resolvámonos a disfrutar el presente. Aprovechémonos del hoy sin permitir que las sombras del mañana, con sus presagios y temores, nos roben lo que es nuestro, el intransferible derecho a ser felices el día de hoy.

Tengamos cada mañana una afirmación positiva con la cual empezar el día. Digámonos: 'Pase lo que pase, quiero obtener el mejor partido posible de este día. No he de permitir que nada me robe la felicidad ni me robe mi derecho a vivir este día desde el principio al fin. Suceda lo que suceda, no toleraré que ningún disgusto, ninguna contrariedad o circunstancia que se atraviese hoy en mi camino, me robe la paz de mi mente.

Me rehúso a ser infeliz hoy, suceda lo que suceda. Voy a gozar plenamente del día y a vivir enteramente en él. Este día ha de ser un día completo en mi vida. Sólo aceptaré en mi mente pensamientos de felicidad y gozo; únicamente los amigos de mi paz, satisfacción, dicha y éxito, hallarán hoy hospedaje en mi mente. Todo cuanto me haya hecho infeliz en el pasado, lo eliminaré, de modo que al llegar la noche pueda decir: he vivido hoy'.

Comenzar cada día de manera proactiva y optimista revolucionará nuestro concepto de la vida y acrecentará enormemente nuestras fuerzas. De acuerdo a la ley de la atracción, afirmaciones como ésta nos ayudarán a trazar nuevos surcos mentales en el tejido cerebral para abrir camino a nuevos hábitos de felicidad.

¿Para qué recordar viejos errores y arrepentirnos de no haber sabido aprovechar las ocasiones de prosperidad del ayer o lamentarnos de cosas que nos perjudicaron? ¿No aumentamos así nuestra desdicha? Quien siempre está culpándose, deplorando su pasado y lamentándose de errores, extravíos y deslices del pasado, nunca podrá realizar nada de verdadero mérito, pues el éxito, en cualquier área de la vida, requiere el uso de toda nuestra energía, y lo cierto es que una persona que piense y viva en el pasado no será capaz de enfocar la mente en el instante actual con el vigor necesario para cumplir sus metas.

Todo átomo de energía gastado en lo que ya no tiene remedio, no sólo se desperdicia, sino que dificulta los éxitos futuros que podrían remediar los errores cometidos. Olvida los infortunios, por mucho que te hayan herido y humillado; limpia de errores tu mente y toma la decisión de mejorar de conducta de ahora en adelante.

Nada más insensato y perjudicial que desmejorar y enviciar la labor del día con los rezagos del pasado, con las imágenes negativas y las experiencias fallidas del ayer. Muchas personas, hasta ahora fracasadas, lograrían maravillas en el porvenir con sólo olvidar el pasado, cerrarle la puerta para siempre y empezar de nuevo".

La verdad sobre la ley de la causa y el efecto

"Lo más curioso acerca del juego de la vida es que cuando nos rehusamos a conformarnos con segundos lugares y decidimos salir tras lo mejor de lo mejor, generalmente lo obtenemos".
—Somerset Maugham

Una de las leyes más importantes de la física es la que establece que para cada causa hay un efecto, y para cada acción hay una reacción o efecto correspondiente.

Sócrates se refirió a ella como a la ley de la causa y el efecto. Newton la denominó la ley de la acción y la reacción. La Biblia nos advierte: "cosecharás lo que hayas sembrado". Emerson la llamó la "ley de la compensación" y al referirse a ella decía: "Todo acto crea su propia recompensa, todo crimen es castigado y toda virtud es premiada". Él afirmaba que hay una causa para todo efecto; si hay humo, es señal de que seguramente hay fuego. Todos nosotros nos encargamos de producir acciones o causas diariamente. Nuestro medio simplemente nos devuelve el efecto correspondiente. Todo lo que sucede en nuestra vida, sucede por una razón, sepamos o no cuál es.

Cada efecto, cada éxito o cada fracaso, tanto la riqueza como la pobreza, tienen una causa o causas específicas. Cada causa o acción tiene un efecto o consecuencia de algún tipo, así la podamos ver, y estemos de acuerdo con ella o no.

La riqueza, la felicidad, la prosperidad y el éxito son los efectos o resultados directos o indirectos de causas o acciones. Pero, ¿de qué nos sirve saber esto? En sencillo, si puedo ser claro sobre el efecto o resultado que deseo obtener, probablemente lo podré conseguir.

Como puedes ver, ésta es también la esencia de la ley de la atracción. Si algo ha sido posible para otros lo más probable es que también sea posible para mí. El éxito deja huellas, tú puedes estudiar a otras personas que hayan logrado los mismos objetivos que tú persigues, y al hacer lo que ellos hicieron, obtendrás los mismos resultados.

La ley de causa y efecto se aplica a cualquier área de tu vida. Tus relaciones, tu salud o tus finanzas son el resultado de ciertas causas específicas. Cuando identificas estas causas y las implementas en tu propia vida, obtendrás los mismos efectos. Esta es la manera en que millones de personas han logrado el éxito financiero, por ejemplo.

Ellas se han puesto en la tarea de observar cómo es que la gente acaudalada ha triunfado, cómo administra y maneja su tiempo, sus recursos y su dinero y se han propuesto adquirir estos mismos hábitos.

Es así de simple: los pensamientos son causas y las condiciones son efectos. Dicho de otra manera, tus circunstancias han sido creadas por tu propio pensamiento. Cuando cambies tu forma de pensar, cambiará tu vida, ¡a veces en cuestión de segundos!

El factor determinante es que una vez hayas identificado hacia donde quieres ir, y cuales son las metas que deseas materializar, es vital que te pongas en movimiento; necesita actuar inmediatamente. Si decides actuar comenzarás a moverte en dirección a tus metas. Si decides no actuar te estarás alejando de ellas. Es así de simple.

¿Si ves? El no actuar es en si una acción y tiene también sus consecuencias. Las personas no fracasan porque lo hayan planeado. Ellas fracasan porque no planearon su éxito.

Todo lo que te ha ocurrido en tu vida hasta este momento es el resultado de haber tomado o haber dejado de tomar ciertas decisiones. Las buenas decisiones te han traído éxitos, mientras que las malas decisiones te han provocado frustraciones y fracasos.

Los resultados específicos que obtenemos de manera constante, ya sean los deseados o no, son consecuencia de actitudes y acciones específicas. Sé que suena simple, pero es sorprendente ver la cantidad de personas que parecen no entender esta relación de causa y efecto.

Ellas continúan realizando las mismas acciones que los tienen en la situación de donde quieren salir y aun así no pueden explicarse por qué las cosas no mejoran. Si continuas haciendo lo que siempre has hecho, seguirás obteniendo los mismos resultados que has obtenido hasta ahora.

Hay personas que invariablemente todos los meses se encuentran quebrados financieramente. A duras penas sus entradas les alcanzan para sobrevivir. Siempre dicen lo mismo: "No entiendo a dónde se va el dinero", "Por qué será que el dinero no me alcanza", "si sigo así nunca saldré de la pobreza". Ahí está la primera parte del problema, su diálogo interno. Recuerda que aquello en lo que piensas se expande y que tú te encargas de programar tu mente con tu diálogo interno. ¿Qué imágenes dibuja tu mente cuando repites estas preguntas? Lo peor de todo es que estas personas no pueden explicarse el porqué de su situación.

La segunda parte del problema es que éstas son las mismas personas que siempre empiezan su mes sin un presupuesto, utilizan sus tarjetas de crédito sin ningún control, gastan siempre más de lo que ganan y como resultado de ello cada mes se encuentran en la misma situación. ¿Por qué?

Si repites continuamente los mismos malos hábitos puedes estar seguro que obtendrás los mismos pobres resultados.

Yo he visto personas pobres que nunca aprendieron a administrar lo poco que tenían y como resultado de ello, nunca lograron salir de esa pobreza. También he visto personas que con duro trabajo han logrado labrar cierta estabilidad económica pero que debido a la pobre administración de sus finanzas están estancadas financieramente y viven de cheque en cheque, haciendo malabares a fin de mes para poder cubrir todas sus deudas.

De igual manera, he encontrado personas que heredaron enormes fortunas pero que nunca aprendieron como administrar su dinero y debido a la mala administración de sus finanzas perdieron, en ocasiones, hasta el último centavo que tenían.

El efecto de la mala administración de las finanzas es siempre la pobreza económica. Sin excepción, toda persona que siembre esta causa, cosechará este efecto. Lo mismo sucede en todas las áreas de nuestra vida:

- La causa "fumar" produce el efecto "males respiratorios"

- La causa "cero ejercicio" produce el efecto "pobre salud"

- La causa "no comunicación con la pareja, no amor, no detalles" produce el efecto "divorcio"

Es posible que algunos de estos efectos, de estas consecuencias no se hagan evidentes de manera inmediata, pero en la medida en que continuas realizando dichas acciones, tarde o temprano comenzarás a ver las consecuencias.

Las parejas no se divorcian porque un día tuvieron un disgusto acerca de qué preparar para la cena, y como no se pudieron poner de acuerdo decidieron separarse. Seguramente ese desacuerdo fue la gota que desbordó la copa, pero la causa fue probablemente algo mucho mayor que alguno de los dos, o ambos, habían venido haciendo, o dejando de hacer, de manera constante.

Si tus acciones y hábitos son inconsistentes con los principios del éxito, no puedes esperar triunfar; el único resultado posible es el fracaso.

No existen los accidentes. Todo sucede por una razón. Tarde o temprano las consecuencias de toda acción darán sus frutos, buenos o malos.

Yo encuentro padres que dicen: "no entiendo que sucedió con mi hijo, de la noche a la mañana se convirtió en una persona imposible de tratar, no se comunica con nosotros, no le interesa el estudio, es totalmente irresponsable.... No entiendo que pudo haber sucedido".

Sin embargo, después de examinar la situación más a fondo, nos damos cuenta que su actitud ha sido el resultado de la negligencia en la relación padre-hijo que empezó muchos años atrás, pero que hasta ahora se comienzan a ver las consecuencias.

Pero no todo son malas noticias. ¿Cómo puedes poner a trabajar esta ley para beneficio propio? Es muy sencillo. Si hay efectos que quieres experimentar en tu vida, como la felicidad, la buena salud, o la libertad financiera, puedes lograrlo simplemente haciendo parte de tu diario vivir las causas que sabemos que generan dicho efecto.

De igual manera si existe en tu vida un efecto del cual quieras deshacerte, como la mala salud, las deudas, la infelicidad, puedes también determinar cuáles son las causas de dichos efectos y al remover las causas removerás también el efecto correspondiente.

Lo curioso es que muchas de las personas que no están satisfechas con el estilo de vida que llevan, y con los resultados que están obteniendo, continúan repitiendo los mismos comportamientos y acciones que han producido dichos efectos negativos.

Ellos han podido identificar los resultados que no desean obtener, pero irónicamente continúan realizando las acciones que los causaron, esperando de alguna manera que los resultados sean distintos.

¿Qué significa todo esto para ti? Ahora que sabes cuál es la relación que existe entre tu manera de pensar y actuar y los resultados que obtienes, ¿cómo puedes utilizar esta información para triunfar en tu vida y en el logro de tus metas?

1. Toma unos minutos para identificar las metas y objetivos que quieres lograr. Identifica los efectos o consecuencias que deseas que sean parte de tu vida. Entiende que según

la ley de la causa y el efecto, esos objetivos son efectos de ciertas causas específicas.

2. Identifica qué causas específicas son las que originan estos efectos. Qué vas a tener que cambiar o hacer en tu vida para lograr las metas que has identificado. Escribe estas causas en términos concretos.

3. Reflexiona y anota cuáles serán las acciones específicas que vas a llevar a cabo en las próximas 72 horas para crear estas causas. Recuerda que nada cambiará hasta tanto no des el primer paso.

4

El ser humano, producto de sus pensamientos

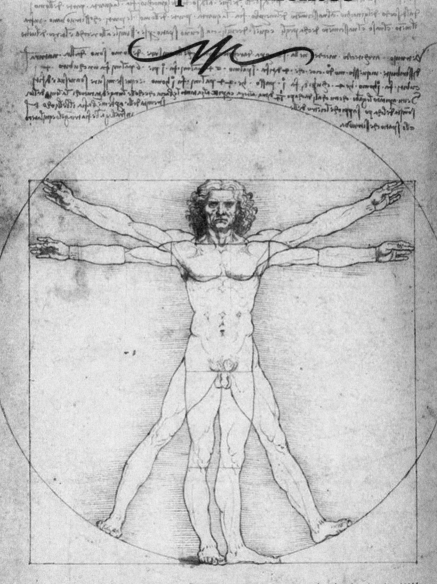

"El ser humano es el amo y señor de sus pensamientos, forjador de su carácter, creador y modelador de sus condiciones y de su entorno, y arquitecto de su propio destino".
—James Allen

*L*a premisa principal de la ley de la atracción es que los pensamientos que albergas en tu mente forjan la persona en la cual te convertirás. Si acoges pensamientos inferiores, el dolor te seguirá como sigue el arado al buey. Si en cambio tus pensamientos son elevados, te seguirá la dicha como tu propia sombra. Esto es un hecho.

El desarrollo del ser humano está gobernado por leyes, no por el azar o por la suerte. La ley de causa y efecto es absoluta e inquebrantable, tanto en el mundo invisible e intangible de nuestros pensamientos, como en el mundo de los objetos visibles y materiales. Un carácter ético y noble nunca es el producto de la suerte o la coincidencia, sino el resultado natural de un esfuerzo constante por albergar pensamientos correctos en nuestra mente y asociarnos con ideas dignas y admirables. De igual manera, un carácter ruin y cruel es el resultado de pensamientos viles albergados continuamente.

Nosotros mismos nos encargamos de construirnos o destruirnos. Nuestros pensamientos pueden ser las herramientas con las que construimos mansiones de felicidad, fortaleza y paz, o las armas con las que terminamos destruyéndonos.

Al elegir y albergar en nuestra mente los pensamientos correctos, caminamos hacia ese estado de perfección, y nos convertimos en las personas de éxito que estamos destinadas a ser. Al permitir que ingresen pensamientos equívocos y errados en nuestra mente, nos alejamos de dicho estado de perfección. Entre estos dos extremos se encuentra una multitud de perfiles que cada uno de nosotros se ha encargado de moldear.

De todas las verdades que hemos podido descubrir o reencontrar, ninguna es más grandiosa y llena de esperanza que la que nos presenta James Allen en su libro: *Cómo piensa el ser humano, así es su vida*:

> "El ser humano siempre es el amo y señor, aún en su estado de mayor debilidad y abandono, cuando ha decidido gobernar sus asuntos con necedad y poca atención. Sin embargo, cuando reflexiona acerca de su precaria condición, y comienza a buscar diligentemente la causa que lo llevó a ese estado, se transforma en el amo sabio que canaliza inteligentemente su energía, y crea pensamientos fructíferos. Cada uno de nosotros puede convertirse en ese amo sabio con sólo entender el gran poder de las leyes que gobiernan nuestra manera de pensar.

> Aquel que vigila y controla sus pensamientos, que estudia cada efecto que dichos pensamientos tienen en sí mismo, en los demás, en su vida y circunstancias, enlazando causa y efecto y utilizando cada experiencia y hecho cotidiano, por trivial que parezca, para obtener un mayor conocimiento de sí mismo, será premiado con entendimiento, sabiduría y poder. En ese sentido, como en ningún otro, se aplica la ley absoluta que dice: 'Aquel que busca, encontrará; aquel que toca la puerta, se le abrirá'. Sólo con paciencia, práctica y osadía puede entrar el ser humano por la puerta del templo del conocimiento".

El efecto del pensamiento en las circunstancias

La mente es como un jardín que puede ser inteligentemente cultivado o abandonarse y llenarse de hierbas y maleza. Sin embargo, ya sea que esté cultivado o descuidado, siempre está destinado a producir algo. Si no se siembran semillas útiles, entonces caerán, crecerán y se reproducirán en abundancia semillas de maleza.

Al igual que un jardinero cultiva su parcela manteniéndola libre de maleza, sembrando las flores y frutos que desea, así también todos debemos atender el jardín de nuestra mente, limpiándolo de pensamientos dañinos, inútiles e impuros, y cultivando los frutos de pensamientos correctos, útiles y puros.

Siguiendo este proceso, tarde o temprano descubrimos que somos los jardineros de nuestro espíritu, reconocemos las faltas en nuestra manera de pensar, captamos cada vez con mayor precisión, cómo nuestros pensamientos se encargan de moldear nuestro carácter, nuestras circunstancias y nuestro destino.

El pensamiento y el carácter son uno solo, ya que este último es la sumatoria de nuestros pensamientos dominantes. Puesto que el carácter de una persona se revela y manifiesta en sus circunstancias, es posible afirmar que el entorno de cada uno siempre estará en armonía con su estado interior. Esto no significa que las circunstancias de una persona en un momento dado sean un indicador de la totalidad de su carácter, sino que algunas de ellas están íntimamente conectadas con algún elemento vital de su pensamiento, el cual ha sido el causante de dichas circunstancias.

Cada persona está donde está por decisión propia.

Los pensamientos que han moldeado su carácter la han llevado allí. Esto es válido tanto para aquellos que se sienten decepcionados con el mundo que los rodea como para quienes están satisfechos con él.

En el proceso del desarrollo humano, cada circunstancia que enfrentamos trae consigo una enseñanza y una lección que debemos aprender; una vez que la hemos aprendido, ésta termina y da lugar a otras circunstancias.

James Allen nos recuerda lo siguiente:

"La persona que piensa que su vida es el resultado de condiciones externas, suele ser víctima de ellas. No obstante, cuando crea conciencia del poder creativo que reside dentro de ella, y entiende que es allí donde se encuentran tanto las semillas, como la tierra que da fruto a tales circunstancias, sólo entonces se convierte en la dueña y señora de sus pensamientos.

La persona que por algún tiempo ha practicado el autocontrol sabe que las circunstancias nacen de los pensamientos; es consciente de que en la medida en que cambie su estado mental y su manera de pensar, cambian sus circunstancias. De igual manera, quien se dedica a corregir los defectos de su carácter con tenacidad, comienza a ver progreso rápido en su manera de pensar y actuar.

Siempre atraeremos aquello que ya se encuentra dentro de nosotros; tanto lo que amamos como lo que tememos. Inequívocamente, el ser humano siempre alcanza la cúspide de sus más preciadas aspiraciones, o cae al nivel de sus más indignos deseos. Las circunstancias son simplemente los medios mediante los cuales recibimos aquello que merecemos o que creemos merecer.

Cada semilla de pensamiento que sembramos y permitimos que eche raíces y crezca en nuestra mente, produce aquello que constituye su esencia, florece y, tarde o temprano, produce sus propios frutos de oportunidad y circunstancias.

Buenos pensamientos producen buenos frutos, malos pensamientos dan malos frutos.

El mundo de las circunstancias exteriores toma forma en el mundo interno de los pensamientos, y todas las condiciones externas, agradables y desagradables, son factores que finalmente existen para que el ser humano aprenda, tanto de sus logros como de sus sufrimientos.

Siguiendo sus más profundos deseos, aspiraciones y pensamientos dominantes –ya sean visiones engañosas, viciadas por la imaginación, o caminos de elevadas aspiraciones— el ser humano finalmente recibe por completo los frutos de dichos pensamientos en la clase de vida que termina viviendo.

Una persona no acaba en la cárcel debido a la tiranía del destino o a la injusticia de las circunstancias, sino como resultado del camino y los deseos que ha elegido perseguir. Una persona de pensamientos nobles y puros no cae en el crimen de repente, a causa de las presiones o circunstancias externas que le puedan rodear. Lo cierto es que estos pensamientos criminales, seguramente han sido secretamente albergados en el corazón, y la ocasión propicia simplemente se ha encargado de revelarlos.

Las circunstancias no hacen a la persona; ellas simplemente la revelan a sí misma.

No pueden existir condiciones que nos hagan descender en el vicio, a menos que existan inclinaciones viciosas previas; o ascender en la virtud y la felicidad sin haber cultivado continuamente aspiraciones virtuosas. Por lo tanto, como amos y señores de nuestros pensamientos, somos los arquitectos y constructores de nuestro propio destino.

Las personas no atraen hacia ellas aquello que quieren, sino aquello que son. Sus caprichos, gustos y ambiciones suelen ser pasajeros y pronto desaparecen, pero sus más íntimos pensamientos y deseos –buenos o malos— se alimentan de sí mismos. Nuestros pensamientos y nuestros actos son, o los carceleros que nos condenan a una vida de mediocridad, o los redentores que nos liberan y nos empoderan.

Nunca obtendremos aquello que deseamos, ni pedimos, sino aquello que merecemos. Los deseos y oraciones sólo son gratificados y atendidos cuando armonizan con los pensamientos y las acciones.

A la luz de esta verdad, ¿cuál es entonces el significado de aquella frase que dice que estamos *luchando contra las circunstancias*? Significa que absurdamente, el ser humano parece estar siempre luchando contra un efecto que no desea ver en su vida, mientras todo el tiempo está alimentando y preservando la causa que genera dicho efecto en su corazón.

Y esta causa puede ser un vicio consciente o una debilidad inconsciente; pero cualquiera que sea, retarda o anula nuestros esfuerzos y clama por una cura.

Desgraciadamente, muchas personas están ansiosas de mejorar sus circunstancias, pero no están dispuestas a mejorarse a sí mismas; por eso permanecen atadas al pasado del cual quieren escapar.

Quienes entienden y reconocen su necesidad de crecer y mejorar siempre alcanzarán los objetivos que su corazón les haya trazado. Pero para eso, deben estar preparados para realizar grandes sacrificios personales antes que puedan lograr su objetivo, entendiendo que el precio del éxito no es negociable. Y una vez han comenzado a transitar su camino, descubrirán la presencia de esa gran ley que es absolutamente justa, y que no retorna mal a quien hace el bien, ni premia con el bien a quien mal actúa.

Una vez que sabemos esto, entendemos que nuestra vida se desarrolla, y siempre se desarrolló, con justicia, y que toda experiencia pasada, buena o mala, ha sido siempre el resultado de este proceso de crecimiento.

Buenos pensamientos y acciones jamás pueden producir malos resultados; malos pensamientos y acciones no pueden jamás producir buenos resultados.

Esto no es otra cosa que afirmar que al sembrar trigo, lo único que podemos cosechar es trigo; si sembramos ortigas cosecharemos ortigas.

Es fácil entender esta ley en el mundo natural, pero muchas personas se rehúsan a entender que funciona de igual manera con nuestros pensamientos y actitudes; por esta razón, actuamos de manera inconsistente con ella. El sufrimiento siempre es el efecto de los pensamientos equivocados en alguna dirección; es indicador de que el individuo está fuera de armonía consigo mismo, con la ley de su ser.

Al igual que el tratamiento de una herida o infección produce dolor y sufrimiento temporal antes de producir el alivio deseado, el único uso del sufrimiento es purificar y sanear todo aquello que es inútil e impuro. Sin embargo, una vez que se ha llegado a ese punto, el sufrimiento cesa.

Las circunstancias por las que los seres humanos sufren son el resultado de su propia falta de armonía en su manera de pensar, y aquellas que le traen paz y felicidad son el producto de una vida armónica. Este estado de felicidad y paz, y no las posesiones materiales, es la medida del pensamiento correcto; la infelicidad, no la falta de posesiones materiales, es la medida del pensamiento errado.

Una persona puede ser desgraciada y ser rica en posesiones materiales, o puede tener pocas posesiones y gozar de una gran paz interior. La felicidad y la riqueza sólo se juntan cuando la riqueza se emplea correctamente y con sabiduría. La persona pobre sólo desciende a la miseria cuando considera su destino como una carga injustamente impuesta. Una persona no puede ser feliz, saludable y próspera hasta que no entienda que la felicidad, la salud y la prosperidad son el resultado de la armonía entre su mundo interno y externo".

El condicionamiento negativo mediante los pensamientos errados

"Casi todos los seres humanos sentimos como si una nube pesara sobre nosotros, manteniéndonos siempre por debajo de nuestro nivel óptimo en cuanto a nuestra claridad de pensamiento, seguridad en el razonamiento o firmeza en el momento de tomar decisiones. Comparado con lo que podríamos ser, es como si sólo estuviésemos medio despiertos".
—William James

Lo que podemos alcanzar es extraordinario; sin embargo, lo que generalmente obtenemos es vergonzoso. No es porque haya algo malo con nuestra mente puesto que ella funciona perfectamente. Si hasta ahora las cosas no han salido como tú esperabas, no es porque carezcas de buenos genes o no tengas el potencial para triunfar.

Muchas personas no logran entender que mientras continúen haciendo lo que siempre han hecho, obtendrán los mismos resultados de siempre.

Con frecuencia escucho a personas que experimentan una caída y, frustradas, me dicen: "Doctor Cruz, yo no entiendo por qué siempre me sucede lo mismo. Es la quinta vez que esto me pasa", y yo les respondo: "Y si siempre te sucede, ¿por qué lo sigues haciendo?"

Es como si fueras caminando por la calle y pisaras una cáscara de plátano. ¿Qué crees que sucederá? Seguramente resbalarás y te caerás. Ahora, imagínate que un par de metros adelante ves otra cáscara y la vuelves a pisar, te caes nuevamente y luego, enfadado, reflexionas: "no entiendo por qué siempre me sucede lo mismo. ¿Qué tienen estas cáscaras contra mí? ¿Por qué me persiguen?".

A estas personas debo explicarles que no es que la vida se haya ensañado en su contra; ni es la mala suerte, ni nada por el estilo. Lo que les sucede es absolutamente normal. La cáscara no discrimina, esto le sucede a todo aquel que la pisa, y quien continúe haciéndolo, seguirá experimentando los mismos resultados. En la vida no hay errores, sólo lecciones que debemos aprender, y si las ignoramos, seguirán presentándose de distintas maneras hasta que decidamos aprenderlas.

Lo mismo sucede con los pensamientos errados y las falsas creencias. Son como esa cáscara que continuamente nos hace caer, y atrae hacia nosotros todo aquello que quisiéramos evitar. Mientras se encuentren en nuestra mente continuarán sometiéndonos a una vida de mediocridad, y sus efectos se harán sentir en todas las áreas de nuestra vida.

¿Qué puedes hacer? Si no estás satisfecho con el lugar dónde ahora te encuentras, remueve de tu subconsciente la programación que te hace daño, que te impide utilizar tu verdadero potencial y te está deteniendo para alcanzar tus sueños. Programa de nuevo tu mente con aquella información que sabes que te ayudará a utilizar tu potencial al máximo.

En el campo de la informática es bien sabido que si programas tu computadora con basura lo único que vas a obtener de ella es basura.

La ley de la atracción nos dice que lo mismo ocurre con la mente: si pones basura en ella, todo lo que obtendrás será basura. Si la programas con información incorrecta no puedes esperar los resultados deseados. Así que, si quieres obtener resultados distintos a los obtenidos hasta el momento, debes cambiar tus programas mentales.

No basta con querer cambiar o ser consciente de la necesidad de hacerlo. La voluntad o el deseo de cambiar no son suficientes. La única opción es hacerlo. Si deseas ver cambios en tu comportamiento y en tu vida, tal vez necesites revisar los programas que hasta hoy han dirigido tu mente.

Orison Swett Marden nos recuerda que el pensamiento recto es un poderoso imán, de suerte que cuando quieras ser o tener algo, sólo lo obtendrás programando tu mente con la información correcta. Afirma con fe lo que quieres ser o tener. Si anhelas salud y vigor; si quieres abundancia y no miseria, repite constantemente: "Estoy sano; soy fuerte; vivo en la abundancia; no puede haber penuria, ni pobreza, ni necesidad en mi vida. Soy rico porque obedezco las leyes y principios del éxito".

Como vimos en el capítulo anterior, no hay felicidad ni éxito posible para quien siempre está pensando en sus miserias, desdichas y tristezas y siempre muestra disgusto en sus pensamientos y acciones; una actitud mental negativa producirá efectos negativos.

La única felicidad posible es la resultante de nuestra manera de pensar y obrar rectamente. Si estás inconforme con tu situación, y la analizas cuidadosamente, verás que es la que corresponde como único resultado de tu conducta pasada, pensamientos y acciones, por lo que a nadie sino a ti mismo puedes culpar de tu infortunio. Si hubieras aprovechado los elementos de la verdadera felicidad, no llorarías el fracaso, ya que el éxito es el único resultado posible para quien vive una vida de rectitud, guiada por principios y valores íntegros y en bien de los demás.

En vano recorrerás el mundo entero en busca de la felicidad si no la llevas contigo mismo. La historia abunda en ejemplos de personas que fracasaron por haber buscado desesperadamente la felicidad toda su vida sin jamás hallarla, mientras que otros, sin pensar gran cosa en ella, fueron felices en el cumplimiento de su deber, en el empeño de enriquecer y mejorar la vida de cuantos les rodeaban.

Todo lo visto en este capítulo nos obliga a prestar atención al desastre que puede llegar como resultado de albergar pensamientos negativos en nuestra mente. Debemos tener siempre presente que el subconsciente traducirá en algo real un pensamiento regido por el miedo con tanta facilidad como transformaría en realidad un pensamiento orientado por el valor y la fe.

Si llenas tu cabeza de miedos, dudas y desconfianza en tu capacidad para conectar y usar la fuerza de la Inteligencia Infinita, la ley de la autosugestión adoptará ese espíritu de desconfianza y lo usará como patrón mediante el cual el subconsciente lo traducirá en su equivalente físico.

La naturaleza nos ha dado control absoluto sobre lo que permitimos que llegue a nuestro subconsciente a través de los cinco sentidos; aunque esto no significa que todas las personas siempre ejerciten este control. Es más, en la mayoría de los casos, ha sido la falta de ejercitar este control la causante de que tantas personas vivan en la pobreza.

5
El poder de la palabra

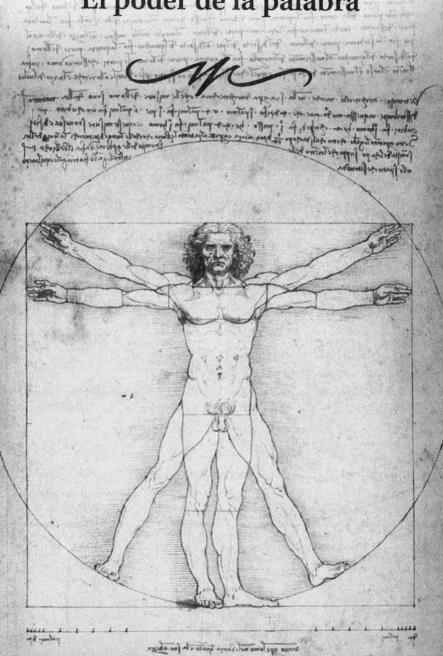

"Te convertirás en aquello en lo que pienses constantemente. Cada día, cada minuto, cada segundo de tu vida estás construyendo tu futuro con tu manera de pensar".
—Earl Nigthingale

Como mencioné anteriormente, la persona promedio habla consigo misma más de la mitad de su día. Gran parte de ese diálogo interno ocurre con preguntas y respuestas. Cuando enfrentamos cualquier situación que requiera una respuesta de nuestra parte, ya sea que estemos evaluando una propuesta que alguien nos presente, buscando las causas de una caída que sufrimos, o que estemos experimentando un dolor físico, nuestra mente evaluará dicha situación preguntándose: ¿Qué quiere decir esto? ¿Por qué me está sucediendo a mí? ¿Qué debo hacer y cómo debo responder?

Sin importar la naturaleza de la situación que estés enfrentando, éstas tres preguntas parecen ser siempre la manera en que tu mente busca comprender lo que está sucediendo: ¿Qué es esto?, ¿Por qué yo?, ¿Qué hago? Y para responder a estos interrogantes, tu mente simplemente buscará en los archivos de tu subconsciente la respuesta más acertada posible, basada en la información que allí encuentre –sea cierta o no—.

Si después de sufrir una derrota –así haya sido una caída menor— te preguntas: ¿Por qué será que a mí todo me sale mal? Inmediatamente tu cerebro comenzará a buscar respuesta a esta pregunta. Entiende bien; no dije que tu mente comenzará a buscar la causa de aquella derrota, sino que buscará la respuesta a la pregunta que formulaste.

Lo primero que tu mente seguramente encontrará es que, basado en tus experiencias anteriores, ésta no es una apreciación real, ya que no todo lo que has intentado en tu vida te ha salido mal. Así que, a falta de evidencia real que respalde la exageración implícita en tu pregunta, continuará examinando otra información que se encuentre en tu subconsciente. Tomará en cuenta todo aquello que hayas escuchado de otras personas respecto a las caídas; lo que tú mismo te hayas dicho; lo que hayas leído, visto en televisión, o escuchado en algún lado, y basado en todo este caudal de información, precisa o imprecisa, real o ficticia, te dará una respuesta. Y a lo mejor la respuesta es: ¡Esto te pasa porque no sirves para nada!

¿De dónde salió esta respuesta? Es difícil determinarlo con exactitud; a lo mejor fue un comentario que alguien te hizo tiempo atrás cuando experimentaste otra caída, o lo escuchaste una y otra vez en tu casa, o quizás lo leíste esa mañana en el horóscopo. De donde quiera que haya salido, lo cierto acerca de esta respuesta es que lo único que ha logrado es que ahora te sientas peor de lo que te sentías antes. Es simple, si formulas una pregunta estúpida, seguramente recibirás una respuesta estúpida.

La ley de la atracción explica claramente que si las respuestas que recibes, ciertas o erradas, están creando sentimientos y emociones negativos es porque estás formulando las preguntas equivocadas.

Por ejemplo, piensa por un momento en las siguientes preguntas que muchas personas se hacen con sorprendente regularidad:

- ¿Por qué esto siempre me sucede a mí?

- ¿Por qué me es tan difícil aprender cualquier cosa?

- ¿Por qué será que el dinero nunca me alcanza?

LA LEY DE LA ATRACCIÓN

- ¿Por qué tengo tan mala suerte?

- ¿Por qué seré tan gordo?

¿Cómo afectan estas preguntas tu actitud? Recuerda que la calidad de vida que experimentas depende de la calidad de las preguntas que te hagas.

Por ejemplo, si te preguntas, ¿por qué seré tan gordo?, prácticamente te estás condicionando para seguir así, y tu cerebro así lo asume. De manera que la única respuesta que puede darte es: "Eres gordo y estás gordo porque comes continuamente, sin ningún control".

Ahora, ¿cómo te hace sentir la respuesta que tu mente te dio, mejor o peor? ¿Te da alguna idea para solucionar tu problema? ¿Te impulsa a asumir el control de la situación o, por el contrario, te hace sentir más incapaz? Lo errado de esta pregunta es que en ella está implícita la idea de que tú eres tu gordura, que ése eres tú, que eso no es circunstancial sino que es parte de tu naturaleza, lo cual no es necesariamente cierto.

Si quieres perder peso, la pregunta que debes hacerte es: ¿Qué puedo hacer para adelgazar y llegar a mi peso ideal? ¿Ves la diferencia?

Es más, puedes ir un poco más lejos y decir: ¿Qué me comprometo a hacer para adelgazar y llegar a mi peso ideal, empezando hoy mismo y disfrutando mi decisión? En esta pregunta está implícito, no sólo que es posible lograrlo, sino que es posible disfrutar del proceso. Estás expresando un compromiso, y le estás pidiendo a tu mente ideas claras que puedas poner en acción inmediatamente.

¿Ves la enorme diferencia que hace la calidad de las preguntas que formules? Es sencillo, si haces mejores preguntas, obtendrás mejores respuestas. Asegúrate también que tus preguntas vayan orientadas a buscar los recursos que ya se encuentran dentro de ti y que te pueden ayudar a solucionar cualquier situación que enfrentes.

Veamos otra pregunta que con frecuencia se hacen muchas personas: "¿Será que puedo hacer esto?"

Esta pregunta lleva implícito un sentimiento de duda e inseguridad acerca de tu propio potencial. Da como un hecho la posibilidad de que las habilidades que necesitas para lograr lo que quieres no se encuentren dentro de ti. ¿Cuál es el resultado? Si preguntas con duda, sólo tendrás acceso a los estados mentales de duda que se encuentren en tu cerebro, y sólo obtendrás respuestas que justifiquen esa duda. Inmediatamente, tu mente buscará enfocarse en todas las debilidades que existan en tu vida que justifiquen esa duda, en los posibles fracasos, en las graves consecuencias de intentar algo sobre lo cual no estás absolutamente seguro.

¿Qué clase de respuesta crees que recibirás? Seguramente algo así como: "¡Estás loco! Tú no sabes nada de eso. Mejor no hacer nada que arriesgarte a enfrentar un fracaso seguro".

Así que, ¡haz preguntas que te fortalezcan!

Cuando sufras una caída, en lugar de hacerte las mismas preguntas debilitantes de siempre, formúlate preguntas que te fortalezcan, que atraigan hacia tu vida respuestas que te den orientaciones más claras. He aquí algunas de ellas:

• ¿Qué lección puedo aprender de este revés?

• ¿Cómo puedo utilizar esta caída para crear más poder en mi vida?

• ¿Qué puedo obtener de esta situación para que me ayude a crear una mejor vida?

• ¿Qué nuevas oportunidades me brinda el tropiezo que acabo de sufrir?

La decisión es tuya, ¿vas a utilizar tu diálogo interno para crear limitaciones en tu vida o para crear oportunidades? Porque este diálogo influirá en ti y te afectará mucho más de lo que te imaginas y no hay nada que puedas hacer para evitarlo. La opción que tienes es escoger entre utilizarlo como una herramienta de programación positiva o como un arma de autosabotaje.

El extraordinario poder de las autoafirmaciones

Hace algún tiempo, en un seminario sobre el desarrollo de la autoestima, el doctor Alan Zimmerman, del *Management Center* de la ciudad de Miniápolis, en los Estados Unidos, realizó un experimento que dejó muy en claro el poder de las autoafirmaciones.

El doctor Zimmerman pidió a un joven de la audiencia que saliera al frente, extendiera sus brazos hacia los lados, y los sostuviera en dicha posición lo más rígido posibles, mientras él trataba de empujarlos hacia abajo. Con cierta dificultad, logró moverlos unos pocos centímetros. Lo que buscaba era tener una idea clara de la fuerza que este joven tenía en sus brazos.

Posteriormente, le pidió al joven que durante unos treinta segundos repitiera en voz alta una serie de afirmaciones negativas como: ¡Soy feo! ¡Soy un perdedor! ¡Soy un estúpido! ¡No sirvo para nada!, y otras cosas por el estilo. Inmediatamente después le pidió sostener nuevamente sus brazos extendidos y rígidos, y de nuevo comenzó a empujarlos hacia abajo. Lo sorprendente es que esta vez logró doblarle los brazos con una facilidad impresionante.

Todo lo que se necesitó fueron treinta segundos de programación negativa para afectar la autoestima de este joven al punto que perdió inclusive su fuerza física. Mi espíritu científico me obligó a probar personalmente este experimento y lo hice en una de mis presentaciones. Los resultados fueron exactamente los mismos. Yo sabía el efecto que las afirmaciones negativas podían tener sobre la actitud de una persona, pero me impresionó ver lo que podían hacer sobre el nivel energético del cuerpo.

Al respecto, Napoleón Hill observaba que uno llega a creer cualquier cosa que se repita a sí mismo, así sea una afirmación verdadera o falsa. Si alguien repite una mentira una y otra vez, con el tiempo la aceptará como algo cierto. De ahí en adelante, la mente comenzará a aceptarla como una verdad absoluta, y actuará de acuerdo a esta nueva realidad que ha programado.

¿Qué puedes hacer con esta información? Empieza por cambiar las afirmaciones negativas que has utilizado hasta el momento, por afirmaciones positivas que dibujen en tu mente los resultados que deseas obtener. Formúlalas en tiempo presente, como si ya estuvieran ocurriendo o fueran a ocurrir en un futuro inmediato. Recuerda que cuentas en este momento con todo lo que necesitas para triunfar. Tú tienes que creer esto. Ésta es la única manera de utilizar el poder que se encuentra guardado en el interior de tu subconsciente.

Si estás seriamente interesado en descubrir cómo utilizar este poder, los siguientes pasos te ayudarán a redireccionar tu diálogo interno:

1. Toma unos minutos para examinar algunas de las expresiones que sueles utilizar con mayor frecuencia, especialmente aquellas que te están limitando y debilitando. Escríbelas y léelas un par de veces. Examina cada expresión y piensa si estas afirmaciones te están ayudando o perjudicando. Cuestiónate si están contribuyendo a construir una mejor autoestima o si te están debilitando como persona.

2. Descubre por qué comenzaste a utilizarlas. ¿Cómo llegaron estas ideas a ser parte de tu diálogo interno? ¿Quién las puso en tu mente? ¿Qué propició el que comenzaras a sentirte de esa manera? Te vas a sorprender de la manera tan absurda en que muchas de estas ideas que nos limitan han llegado a nuestra mente. Quizás fue un amigo de la escuela a quien admirabas quien te dijo que no servías para nada, y desde entonces has vivido con esa idea enterrada en tu subconsciente. Es posible que hoy, esa misma persona, ya no sea tu amiga, o sea una persona inestable, incapaz de mantener un trabajo por más de seis meses

desde que salieron de la escuela y sea ella quien no ha logrado mucho con su vida. Pero, absurdamente, tú aún sigues guardando su opinión personal en tu subconsciente, y has terminado por aceptarla como una verdad absoluta.

Imagínate lo que habría sucedido si Albert Einstein hubiera escuchado a aquel médico que diagnosticó que era un retrasado mental debido a su aparente dificultad para articular las palabras, o al profesor que lo criticaba por sus continuas *ausencias mentales* durante la clase y que sugirió a sus padres que lo sacaran de la escuela ya que era una distracción para los demás alumnos. Nadie recuerda el nombre o los logros de aquellas dos personas, pero todos sabemos quien fue Albert Einstein y cuales fueron sus contribuciones en el campo de la ciencia. Así que la próxima vez que alguien emita una crítica acerca de tus habilidades no te apresures a aceptarla sin cuestionar su validez.

3. Pregúntate si estas afirmaciones que son parte de tu diálogo interno son ciertas o simplemente son de esas expresiones que se dicen muchas veces sin saber por qué, o si aún tienen alguna validez.

   ¿Te has puesto a pensar que quizás cuando tu profesor de cuarto grado te dijo que "tú eras la persona menos creativa del mundo", fue porque, en realidad, a esa edad era poco creativo, o peor aún, porque él estaba de mal genio y lo primero que se le vino a la mente fue esa exageración? ¡Pero eso fue hace más de veinte años! Entonces, ¿por qué hoy, siendo todo un profesional, cuando debes desarrollar una nueva campaña de mercadeo en tu trabajo, permites que esa idea que ha reposado en tu mente desde aquella época te paralice y sabotee tus posibilidades de triunfar? Te aseguro que si realizas este ejercicio, te vas a deshacer de la mitad de tus limitaciones.

4. El cuarto paso es el más importante. Elimina estas expresiones de tu vocabulario. ¿Cómo? Toma la decisión de

no volver a utilizarlas, teniendo cuidado con la manera como te expresas y, si un día sin querer repites alguna de estas expresiones, corrígete inmediatamente.

5. Escribe una serie de expresiones que reafirmen tu verdadero potencial y dibujen las imágenes mentales que quieres ver. Si la idea que siempre sabotea tu éxito es "no soy nada creativo", y éstas son las primeras palabras que salen de tu boca siempre que alguien te pide que crees algo, entonces, detén ahora mismo este autosabotaje y cámbialo por una afirmación como: "¡Soy una persona creativa! No un poco creativo, sino muy creativo; tengo excelentes ideas y disfruto creando nuevos conceptos".

Sin embargo, cuando leas el enunciado de tu deseo, recuerda que la sola lectura de estas palabras no traerá ninguna consecuencia, a menos que las expreses con fe y convicción. Las palabras indiferentes, recitadas sin emoción, no influyen en el subconsciente. Por mucho que quieras, no podrás engañarte a ti mismo. Tu subconsciente reconoce y actúa sólo en los pensamientos impregnados y magnetizados con emociones positivas. Tu mente tiene la habilidad de percibir la verdadera intención detrás de tus palabras. De igual manera, recuerda que el universo sólo premia el esfuerzo persistente.

Es posible que todo esto suene tan simple y tan extraño que creas que no va a funcionar. Hazlo de todas maneras. Si lo haces, tienes fe en que funcionará y te das tiempo para cambiar, te puedo asegurar que cambiarás.

Las autoafirmaciones son profecías hechas realidad

No hay mejor manera de poner a prueba la ley de atracción que cuando le dejamos saber al mundo sobre una meta que pretendemos lograr. Cuando sin temores y poniendo nuestra reputación y nuestro ego en la línea, anunciamos en voz alta, con convicción y sin ninguna duda, que nos proponemos lograr algo.

Eso fue lo que hizo Roger Bannister. Durante más de cinco décadas de competencia olímpica, ningún atleta había podido acercarse a la marca impuesta en 1903 para la carrera de la milla. En aquella ocasión, Harry Andrews, entrenador olímpico del equipo británico había profetizado: "el récord de la milla de 4 minutos, 12.75 segundos, nunca será superado".

Existían aún menos posibilidades de correr algún día dicha carrera en menos de cuatro minutos. De acuerdo a muchos, esa era una hazaña imposible de realizar.

Los atletas escuchaban de los "expertos" una multitud de razones que respaldaban la afirmación hecha por Andrews. Inclusive la comunidad médica advertía a los atletas sobre los peligros asociados con intentar la absurda proeza de correr una milla en menos de cuatro minutos. Como resultado de esta creencia, en los siguientes cincuenta años los mejores atletas del mundo llegaron muy cerca de este récord, pero ninguno logró superarlo. ¿Por qué? Porque los médicos habían dicho que era imposible. Los científicos opinaban lo mismo y afirmaban que el cuerpo no soportaría tal esfuerzo y que el corazón literalmente podría explotar.

Muchos de nosotros, con frecuencia, somos víctimas de las influencias negativas de otras personas; aceptamos su programación negativa sin cuestionamientos. Al hacer esto, permitimos que otros siembren en nuestra mente falsas creencias que nos limitan física, emocional e intelectualmente.

Todo cambió el día en que el joven corredor británico Roger Bannister hizo un anuncio público: Él correría la milla en menos de cuatro minutos.

En realidad, la decisión de lograr tal hazaña era algo que le venía dando vueltas en su cabeza desde dos años atrás. En 1951, Roger había capturado el título británico en la carrera de la milla y sintió que estaba preparado para la competencia olímpica. Infortunadamente, cambios de último minuto en el horario de las competencias de los Juegos Olímpicos de 1952 lo forzaron a competir sin suficiente descanso entre sus dos eventos y terminó en cuarto lugar. Como era de esperarse, el joven atleta debió soportar todas las críticas de la prensa deportiva británica quien culpó su estilo de entrenamiento poco ortodoxo por su pobre actuación.

Al escuchar esto, el joven atleta resolvió reivindicar su nombre anunciando públicamente que rompería la aparentemente imposible barrera de los cuatro minutos. Todo el mundo pensó que había perdido la razón, desde la prensa deportiva hasta la comunidad médica.

Su oportunidad llegó el seis de mayo de 1954, después de varias caídas y decepciones. En la Universidad de Oxford, Roger logró lo imposible; corrió la milla en menos de cuatro minutos y sobrevivió. El mito se había roto.

Cuando esta noticia le dio la vuelta al mundo algo sorprendente sucedió. En menos de un año, 37 atletas ya habían superado esta misma marca. El siguiente año, más de 300 atletas registraron marcas por debajo de los cuatro minutos. Hoy, inclusive estudiantes de escuela secundaria rompen con facilidad la marca de los cuatro minutos para la carrera de la milla.

Cuando le preguntaron a Bannister cómo era posible que tantas personas hubiesen aprendido a correr tan rápido en tan poco tiempo, él respondió: "Nada de esto ocurrió porque de repente el ser humano se hubiese convertido en un ser más rápido, sino porque entendió que no se trataba de una imposibilidad física sino de una barrera mental". Lo único que hicieron estos atletas fue desalojar de su mente las creencias limitantes que los habían detenido para utilizar su verdadero potencial durante más de cinco décadas.

Todos tenemos muchas de estas mismas barreras mentales. Muchos de nosotros simplemente decidimos deshacernos de ellas en algún momento a lo largo de nuestra vida, con la esperanza de descubrir nuestro verdadero potencial. Tú puedes hacer lo mismo. Lo único que necesitas es identificar las falsas creencias que han limitado tu vida hasta ahora y reemplazarlas por ideas que te fortalezcan y te permitan utilizar el poder que ya reside en tu interior y que sólo espera ser utilizado para ayudarte a alcanzar tus metas más profundas.

Lo que quiero que entiendas es que muchas de tus limitaciones no son físicas, ni tienen que ver con tu capacidad mental, tus dotes o tus talentos, sino con creencias limitantes, que en su mayoría son ideas erradas acerca de tu verdadero potencial y de lo que es o no es posible.

¿Qué tan cierto es nuestro dialogo mental?

La programación negativa es el resultado de expresiones o generalizaciones que utilizamos a menudo, sin detenernos a calcular su validez. Recuerdas la anotación de Napoleón Hill: "uno llega a creer cualquier cosa que se repita a sí mismo, ya sea una afirmación verdadera o falsa".

Afirmaciones como: "Nada me sale bien", "nunca me tienen en cuenta" "siempre me toca lo peor", "todos se burlan de mí", te desarman y te limitan aunque no sean apreciaciones válidas de la realidad.

Porque lo cierto es que cuando alguien dice "nada me sale bien" generalmente lo que quiere decir es "las dos últimas cosas que he intentado no me han salido como hubiese querido."

Sin embargo, cuando tú afirmas que "nada te sale bien" lo que tu mente realmente escucha es: "Eres un fracasado", "date por vencido", "entiende que tú no sirves para nada". Así que después de escuchar esto, no es de extrañar que te sientas abatido. Piensa por un momento en las implicaciones de una expresión como "nada me sale bien". Si en realidad nada te sale bien; ¡absolutamente nada!, pues, la verdad es que lo único que puedes hacer es admitir que eres un fracasado.

Pero antes de apresurarte a aceptar esta nefasta realidad, la próxima vez que te sientas tentado a utilizar esta expresión, pregúntate: "En verdad, ¿nada me sale bien? ¿No ha habido nunca en mi vida una situación en la que algo me haya salido bien? o ¿qué es exactamente lo que me ha salido mal?"

Si cambias tu diálogo interno puedes ser mucho más objetivo y aprender de los errores cometidos. Si tu diálogo interno es "nada me sale bien" y lo aceptas como una realidad, la siguiente pregunta que tu cerebro se hará es: "¿Por qué será que a mí nada me sale bien?" La única respuesta posible que el cerebro puede darte ante una generalización como ésta es "porque eres un fracasado". ¿Qué aprendiste de esta respuesta? Absolutamente nada, y ahora te sientes peor que antes.

Pero si adoptas el diálogo interno adecuado y aceptas que en el pasado has hecho muchas cosas bien, podrás replantear tus interrogantes y preguntarte: "¿Qué fue exactamente lo que no salió bien en esta ocasión? ¿Cómo puedo hacer esto mejor la próxima vez para obtener los resultados que deseo? ¿Dónde estuvo el error específicamente y qué puedo aprender para no cometer el mismo error otra vez?" Cualquiera de estas preguntas te ayudará a convertir esta caída en una experiencia de la que puedes aprender, en lugar de permitir que defina quién eres como persona. Porque haber fracasado no es sinónimo de ser un fracasado.

De igual manera, cuando digas: "todos me rechazan", piensa qué tan cierto es lo que dices. ¿Quieres decir que hasta la fecha, todos te han rechazado en tu vida? Eso no puede ser cierto, de lo contrario ya estarías muerto. Entonces, la próxima vez que te encuentres diciendo "todos me rechazan" quiero que observes la imagen mental que genera esta afirmación. ¿Cuántas personas hay en la imagen mental que tu mente ha creado cuando afirmas esto? ¿Miles de personas dándote la espalda? ¿Cientos? ¿Una docena? Quizás sólo hay una persona o tal vez ninguna.

Cuando dices "todos me rechazan", o "nadie aprecia mi trabajo", tu mente debería poder instantáneamente dibujar una imagen en la que se encuentren todas las personas que te han rechazado al mismo tiempo. No obstante, si cuando dices esto, sólo ves la imagen de tu amigo que acaba de rechazar una propuesta que le hiciste o la de dos compañeros de trabajo que, justo recién, rechazaron el plan que les presentaste, entonces esa afirmación es obviamente una exageración. En tal caso deberías ser un poco más objetivo y preguntarte: "¿Quién me ha rechazado específicamente? Entonces te darás cuenta que no es todo el mundo sino sólo una persona. Lo significativo de esto es que es mucho más fácil lidiar con el rechazo de una persona que responder al rechazo de cientos o miles de personas. Una persona es mucho más manejable.

Ahora bien, si deseas ser aún más objetivo, entiende que lo que tus compañeros de trabajo rechazaron no fue a ti sino a tu plan. En lugar de cuestionarte: ¿Por qué será que todas las personas siempre me rechazan? Pregúntate: ¿Qué fue específicamente lo que mis compañeros rechazaron de mi plan? ¿Por qué lo hicieron? ¿Tienen la razón? ¿Puedo cambiarlo? ¿Ves la enorme diferencia? De estas preguntas sí puedes aprender. Todos estos interrogantes pueden aumentar tu poder y fortalecerte, mientras que la pregunta anterior te limitaba y te hacía más débil. Si no te gustan las respuestas que tu mente te está dando o si no estás aprendiendo mucho de ellas, es hora de aprender a replantearlas. Recuerda, tu mente siempre te dará lo que le pidas.

6

El extraordinario poder del pensamiento positivo

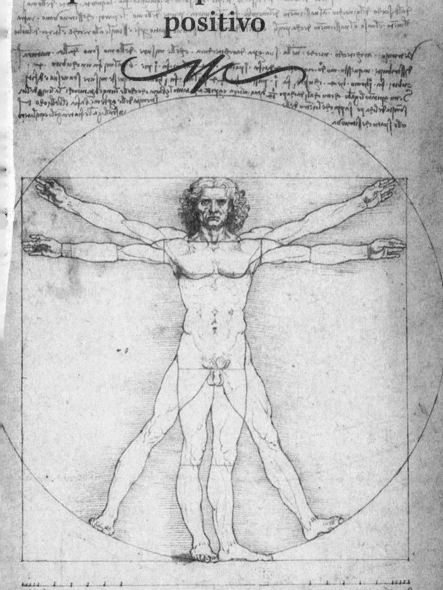

"Todos somos responsables por los pensamientos que albergamos en nuestra mente en cualquier momento. Tenemos la capacidad de pensar lo que deseemos. Así que inclusive todas nuestras actitudes y comportamientos negativos y autodestructivos se han originado en la manera en que hemos elegido pensar".
—Wayne Dyer

*U*n pensamiento es una sustancia concreta que produce resultados específicos, y afecta nuestra mente y cuerpo de maneras muy precisas. Muchas personas erróneamente creen que los pensamientos son cosas triviales que no tienen mayor efecto en nuestra vida o nuestro éxito. Pero lo cierto es que la mente tiene la capacidad de crear aquella realidad representada o imaginada por cada uno de nuestros pensamientos.

De hecho, el postulado general de la ley de la atracción es que todo ser humano puede formar ideas en su pensamiento, impregnarlas de fe y propósito, y por medio de una acción decidida generar la creación de aquello que había imaginado. Sin embargo, para lograr esto, debemos primero formar una imagen mental clara y precisa de lo que deseamos tener, hacer, o ser, y mantener esta imagen mental en nuestro pensamiento, mientras agradecemos por anticipado que dicha meta esté en proceso de hacerse realidad. Este es el proceso mediante el cual dicho deseo es enviado al universo y las fuerzas creativas se ponen en movimiento.

Para poder recibir lo suyo cuando le llegue, la persona debe utilizar siempre su potencial al máximo y estar dispuesta siempre a dar más de lo que su trabajo o posición demanda. Debe mantener en su mente el propósito de vivir una vida de abundancia, y debe hacer, cada día, todo lo que pueda hacer ese día, cuidando de realizar cada actividad de la manera más efectiva y excelente posible.

Los hombres y mujeres que practiquen estas instrucciones con toda seguridad lograrán aquello que tanto anhelan. No obstante, no podemos olvidar que lo que recibamos va a ser en proporción exacta a qué tan definidas sean nuestras metas, qué tan clara esté esa visión grabada en nuestra mente, qué tan firme sea nuestro propósito y nuestra fe, y qué tan profundo nuestro espíritu de gratitud.

A través del lente de la mente subconsciente

Todos tenemos la libertad de escoger en qué decidimos enfocar nuestra atención. Lamentablemente, muchas personas eligen enfocarse en cosas que las limitan y las debilitan. Vigila con cuidado en qué te enfocas. Piensa que tu mente es como una cámara de video y tu interpretación del mundo no es más que el resultado de aquello en lo que elijas enfocar esa cámara.

Imagínate por un momento que vas a una fiesta. Seguramente habrás notado que casi siempre hay una o dos personas que deciden que no importa lo que suceda, ellas no se van a divertir. Toman la decisión de estar aburridas y nadie las hace cambiar de parecer. Generalmente las vemos en una esquina, sentadas, con los brazos cruzados, y una cara de enfermas que aterra.

Ahora imagínate que llegas a la fiesta y decides enfocar tu cámara sólo en una de estas personas. Toda la noche mirándola a ella. ¿Cuál va a ser tu interpretación de la fiesta? Si alguien te pregunta al día siguiente cómo estuvo la fiesta, seguramente responderás que estuvo aburrida. Es posible que las otras cien personas hayan tenido una velada espectacular y se hayan divertido mucho, pero tú has evaluado la reunión basado en el comportamiento de una sola persona, ya que en ella enfocaste tu cámara.

La pregunta importante es: ¿es ésta una evaluación acertada del ambiente que reinó en el festejo? Por supuesto que no. Sin embargo, ¿no es esto lo mismo que estás haciendo cuando decides que clase de día vas a tener basado únicamente en el clima, o cuando dices que nadie te aprecia, basado solamente en la opinión de una persona? ¿Comienzas a ver la conexión?

¿Qué sucedería si decides enfocar tu cámara en otra persona durante la fiesta? Quizás hayas encontrado que en toda celebración también hay por lo menos una o dos personas que han decidido que van a pasar el mejor rato de su vida. Ellos se fueron a divertir como si ese fuera su último día. Gozan, ríen, bailan y celebran, a tal punto que su sola presencia dice: ¡Entusiasmo! ¡Alegría! ¿Qué sucede si decides enfocar tu cámara en esta persona? ¿Cambiaría tu evaluación de la fiesta? Por supuesto que sí.

De igual manera, si decides que quieres tener una gran vida, si deseas que hoy sea un día espectacular, te aseguro que hay muchas cosas en tu vida en las que puedes enfocar la cámara de tu mente que te harán sentir optimista, entusiasmado y feliz. Si en lugar de salir de casa por la mañana y mirar las nubes negras que presagian lluvia, ves el sol que se encuentra detrás de ellas, o si enfocas tu cámara en las personas, la naturaleza, tus sueños y logros, seguramente vas a tener un gran día y una vida maravillosa.

Pero si quieres sentirte deprimido, infeliz, triste y derrotado, también vas a poder encontrar eventos en tu día y en tu vida en los cuales enfocar tu mirada, que seguramente te harán sentir de esa manera. Lo más increíble de todo es que hay personas que se han programado sólo para encontrar aquellos eventos y momentos que las hacen sentir derrotadas y débiles. Que triste, ¿no es cierto?

Es posible que tú conozcas a algunas de estas personas. Son aquellas a quienes les dices "que hermoso día para ir al parque, ¿verdad?", y te responden: "sí, pero no celebres todavía que con seguridad llueve más tarde". O les dices "que hijo tan inteligente tienes, es un genio para la ciencia y las matemáticas", y te responden: "sí, pero tiene muchos problemas con la ortografía". Son incapaces hasta de recibir un elogio. "¡Que bonita estás!"; "No, si no sabes lo mal que me he sentido últimamente".

Lo peor de todo es que no sólo enfocan sus cámaras en sus flaquezas o en sus caídas, sino que hacen un *zoom* con ella; toman cualquier contrariedad que les haya ocurrido y llenan con ella toda la pantalla de su mente. La agrandan y le dan proporciones gigantescas a cosas relativamente triviales. Si un día experimentan un tropiezo, sin importar los demás logros que hayan obtenido, suelen decir: "¿Por qué será que a mi todo me sale mal?" Si su pareja olvida agradecerle un favor que le haya hecho, dicen: "Nadie aprecia lo que yo hago" o "nunca recibo un agradecimiento", y de repente ese evento lo es todo. No permitas que esto te suceda. Recuerda que ningún evento constituye toda tu realidad.

Para los fracasados cualquier momento adverso se convierte en toda su realidad, mientras que el triunfador sabe que su éxito depende, en gran medida, de ver las cosas como pueden llegar a ser y no necesariamente como son. Saber dónde enfocar nuestra visión, inclusive frente a las circunstancias más adversas, nos ayuda a crear expectativas que influirán de manera dramática en los resultados que obtengamos.

Cómo utilizar la mente para practicar el éxito

De acuerdo a la ley de la atracción, nosotros podemos utilizar la pantalla de nuestra mente subconsciente para proyectar en ella nuestros triunfos o nuestros fracasos. Dependiendo de lo que decidamos proyectar viviremos una vida de éxito y felicidad o una de frustración y desencanto.

Hace algunos años una escuela puso a prueba este postulado de que los pensamientos y las imágenes que mantenemos en la mente, en forma permanente, tienden a reflejarse en las condiciones y circunstancias de nuestro entorno. Para comprobarlo, tomaron tres grupos de jóvenes y los llevaron a la cancha de *basketball* para determinar qué tan efectivos eran encestando desde la línea de tiro libre.

La escuela determinó que el promedio de efectividad de los tres grupos era muy similar y equivalía al 22%. Es decir, que lograban encestar sólo dos canastas de cada diez intentos.

Posteriormente, tomaron al primer grupo y le dieron las siguientes instrucciones: "Durante los próximos treinta días queremos que vengan al campo de juego y practiquen su tiro libre durante treinta minutos".

Al segundo grupo le ordenaron que durante los siguientes treinta días no tocaran el balón, ni practicaran, y que sólo se limitaran a ir a la biblioteca durante media hora todos los días para realizar un ejercicio de visualización en el cual se imaginaran ejecutando lanzamientos de tiro libre sin fallar ninguno de ellos. Las instrucciones eran que se vieran encestando cada lanzamiento que hicieran.

Al tercer grupo se le encargó que realizara el mismo ejercicio durante todo el mes, y que, además, entrenaran todos los días media hora en el campo de juego, teniendo en cuenta las imágenes mentales que habían visualizado.

Al final de los treinta días volvieron a medir los porcentajes, para establecer el efecto que las prácticas, tanto físicas como mentales, hubiesen podido tener en el desempeño de los jugadores.

El primer grupo, que practicó treinta minutos diarios, incrementó su efectividad de un 22% a un 32%. Y aunque un 32% aún es muy bajo, lo cierto es que representó un aumento de un 50% sobre el nivel del cual habían partido.

El segundo grupo, que no realizó ningún entrenamiento, pero que desarrolló durante los treinta días el ejercicio mental de visualizarse acertando todo lanzamiento, subió su porcentaje a un 42%. Lo increíble es que sin hacer ningún tipo de práctica física, su efectividad se duplicó. Esto es un logro espectacular, especialmente si se tiene en cuenta que lo único que cambió fue su programación mental. Ellos modificaron un programa mental en el cual se veían siempre fallando, por uno en el que se veían siempre triunfando, y ese solo cambio les permitió aumentar su efectividad en un 100%.

El tercer grupo, que realizó los dos tipos de práctica, subió su porcentaje al 86%. Como te podrás dar cuenta, hubo un enorme incremento en la efectividad de aquellos jóvenes que practicaron tanto física como mentalmente. Su eficiencia aumentó en un 300%.

Esta verificación muestra la indiscutible relación que existe entre nuestros pensamientos y nuestra manera de actuar. La buena noticia es que este es un poder que está al alcance de todos. Imagínate si de ahora en adelante comienzas a hacer lo mismo antes de entrar a tu próxima entrevista de trabajo, o antes de hablar con tu siguiente cliente o de participar en tu próxima competencia o de empezar tu siguiente dieta. Qué tal si comienzas por practicar tu éxito mentalmente en lugar de sabotear tus posibilidades de triunfo, practicando tu fracaso.

Si utilizas tu pensamiento de esta manera lograrás hacer que tu éxito sea un reflejo automático. Sin embargo, para que esto suceda, deberás interiorizar aquellos pensamientos, ideas, leyes y hábitos que te permitan convertirte en un triunfador. El objetivo es lograr que estas leyes del éxito, que a veces ignoramos, y otras veces mantenemos brevemente en nuestra conciencia, pasen a ser parte de nuestro pensamiento subconsciente, donde puedan tener permanencia y actuar de manera automática, guiándonos en nuestras acciones.

Recuerda que al igual que con las leyes que rigen el universo físico, las leyes para alcanzar el éxito afectan nuestras acciones, independientemente de que las conozcamos, las ignoremos o no sepamos de su existencia. Si te asomas por una ventana demasiado afuera, la ley de la gravedad operará sobre ti haciendo que caigas al vacío, así nunca hayas escuchado acerca de esta ley. Lo mismo sucede con los principios del éxito. Si los ignoramos pagaremos las consecuencias.

Cuando se elige programar la mente para el fracaso

Todas las decisiones que tomamos y la manera como actuamos, consciente o inconscientemente, son el resultado de la información con que hemos programado nuestro subconsciente.

¿Cómo podemos programar nuestro subconsciente con la información que nos permita triunfar y experimentar felicidad en nuestras vidas? ¿Cuáles son los mecanismos mediante los cuales ocurre esta programación? ¿Qué funciona y qué no, qué es ficción y qué es verdad?

Si, como muchos científicos piensan, todo aquello que llega a tu mente a través de los sentidos, ya sea consciente o inconscientemente, queda grabado en ella para siempre, ¿cómo es posible que programemos nuestra mente con ideas limitantes y autodestructivas?

Para responder a este interrogante debemos recordar que únicamente la parte consciente de nuestra mente puede distinguir entre las ideas constructivas y las destructivas. De igual manera, debemos entender los procesos mediante los cuales esta programación se lleva a cabo.

Nuestra mente consciente tiene a su disposición dos procesos, la inducción y la deducción, mientras que el subconsciente sólo procesa información a través de la deducción.

El proceso inductivo que ocurre en nuestra mente consciente involucra el análisis, el juicio, la comparación y la selección de diferentes opciones o alternativas. A todo esto es a lo que nos referimos cuando utilizamos el término "pensar", que es una función exclusiva de la mente consciente.

Nosotros razonamos de manera inductiva constantemente. Lo hacemos cuando observamos y reunimos ciertos hechos o situaciones, sacamos una conclusión general a partir de ellos y después, de alguna manera, buscamos probar dicha conclusión. Estos tres pasos suceden diariamente sin que nos demos cuenta.

Por ejemplo, si estás invitado a una cena y llegas a la mesa, el proceso para escoger dónde sentarte se basa totalmente en el razonamiento inductivo. Es posible que prefieras sentarte junto a la ventana, sin embargo, si hace frío y acabas de entrar, es probable que quieras sentarte lejos de ella. También es posible que tu decisión dependa de quienes ya están sentados o de junto a quién desees estar. Tú simplemente examinas las diferentes opciones, las analizas, las comparas, y basado en esto seleccionas la que consideras es la mejor opción.

El proceso deductivo funciona de manera distinta puesto que no exige el razonamiento calculado del método inductivo. En lugar de reunir datos y de derivar una conclusión general a partir de éstos, el razonamiento deductivo empieza en el otro extremo. Se inicia con una generalización –premisa mayor— que aceptamos como cierta; después aplicamos esa idea a un caso específico –premisa menor—, y la deducción es obvia.

En este proceso, la mente simplemente acepta las premisas presentadas –sin importar si son ciertas o falsas— y llega a ciertas conclusiones basadas en dichas premisas. Es importante tener en cuenta que los dos tipos de razonamiento tienen una gran desventaja y es que la validez de la deducción o conclusión a la que se llega depende de que las premisas en que se basa sean verdaderas.

Mediante la hipnosis se ha podido mostrar que el subconsciente utiliza procesos puramente deductivos. En este estado de conciencia alterada el hipnotizador puede hablar directamente al subconsciente de la persona, sin la interferencia de los juicios de la mente racional –la cual se encuentra temporalmente suspendida—. La persona bajo hipnosis acepta las sugerencias del hipnotizador, sin razonar sobre éstas, analizarlas o cuestionarlas, lo cual demuestra el estado receptivo, pasivo y no analítico de la mente subconsciente.

En términos generales, el proceso deductivo comienza con una premisa que nuestra mente utiliza para derivar en una conclusión. Una premisa es simplemente una afirmación que puede ser falsa o verdadera. También pueden ser dos premisas, una mayor y la otra menor, y una conclusión derivada de las dos. Esto es conocido en el campo de la lógica como un silogismo. Un ejemplo es:

Premisa mayor: Todos lo perros son mamíferos.
Premisa menor: El pastor alemán en un tipo de perro.
Conclusión: El pastor alemán es un mamífero.

No ha existido un proceso de pensamiento racional para llegar a esta conclusión. Ésta es simplemente la deducción lógica de estas dos premisas.

Así es como nuestro subconsciente funciona. Lamentablemente, muchas de las premisas bajo las cuales opera son falsas creencias que ha recibido del mundo exterior, críticas o juicios negativos de otras personas, o generalidades que carecen de total validez. Sin embargo, basado en ellas, llega a conclusiones totalmente erradas, las cuales tarde o temprano se manifiestan en nuestra vida.

He aquí algunos de estos silogismos que pueden crear círculos autodestructivos en tu subconsciente:

Ejemplo # 1:

Premisa mayor: Mi padre es alcohólico.
Premisa menor: Yo soy tal como mi padre.
Conclusión: Seguramente, yo seré un alcohólico.

Ejemplo # 2:

Premisa mayor: Para triunfar en la vida es necesario haber estudiado en la universidad.
Premisa menor: Yo no estudié en la universidad.
Conclusión: Yo no voy a poder triunfar en la vida.

Lo peor de todo es que, después que estas creencias limitantes y conceptos negativos se programan en nuestro subconsciente, nuestra mente no tiene otra opción más que actuar basada en ellas, sin importar que tan destructivas sean y sin cuestionar si son ciertas o no.

Por esta razón debemos prestar gran atención a todo aquello que permitimos que encuentre cabida en nuestro subconsciente.

Cuando Ludwig van Beethoven comenzó a quedarse sordo, sus primeros pensamientos y reacciones fueron de impotencia y desesperación. Su estado de depresión fue tal, que incluso llegó a contemplar el suicidio. Sin embargo, resolvió no darse por vencido y decidió declararle la guerra al pesimismo. Comenzó a cambiar su manera de pensar y eligió forjar su futuro sin importar los obstáculos y las adversidades que encontrara. El resultado de esta decisión fue la composición de algunas de sus mejores sinfonías.

Un pensamiento puede condicionar nuestra mente de por vida. Una idea limitante puede detenernos para utilizar nuestro verdadero potencial inclusive mucho tiempo después de haber perdido su validez. Mientras que un pensamiento liberador puede conducirnos al éxito, aun en medio de las peores circunstancias. Y es nuestra decisión elegir qué tipo de pensamiento queremos procesar.

Recuerda que toda idea errada que mantengamos en nuestro subconsciente por largo tiempo y validemos con nuestras acciones, se convierte en una forma de auto hipnosis.

Esto es precisamente lo que le impide triunfar a muchas personas. A través de esta forma de auto hipnosis han archivado en su mente toda una serie de falsas creencias e ideas que quizás en algún momento fueron válidas pero que ya no lo son. Sin embargo, puesto que aún no han sido borradas, continúan ejerciendo su efecto limitante.

Un ejemplo clásico de esto lo ilustra uno de los primeros experimentos realizados dentro de la ciencia del comportamiento. Un grupo de ratas de laboratorio recibía descargas eléctricas cada vez que trataban de comer de un recipiente que se encontraba en su jaula. Muy pronto, como era de esperarse, dejaron de acercarse al recipiente de la comida por temor a la descarga eléctrica.

Después de un tiempo, los científicos que llevaban a cabo el experimento realizaron dos cambios importantes. Primero, pusieron en la jaula comida aún más apetecible que la primera y, segundo, desconectaron el circuito que les propinaba la descarga a los animales.

¿Qué sucedió? Las ratas continuaron evitando la comida por temor a la descarga eléctrica. Debido al condicionamiento negativo del pasado, las ratas prefirieron no comer, y finalmente murieron de hambre antes de arriesgarse a acercarse a la comida y recibir otra descarga eléctrica.

¿Te imaginas que sea preferible enfrentar la muerte en lugar de enfrentar la posibilidad de un nuevo fracaso? Si tan sólo las ratas hubiesen intentado una vez más, habrían podido comer hasta la saciedad sin consecuencias negativas; habrían recuperado la fuerza y la salud perdida y habrían retornado a una vida normal, pero ni siquiera lo intentaron.

Si este experimento te parece cruel, lo es aun más el que muchas personas vivan hoy esta misma realidad. Al igual que las desdichadas ratas de laboratorio, muchas personas han permitido que las programaciones negativas, las caídas anteriores, las críticas o fracasos del pasado las disuadan de aspirar a algo mejor. Ellas se han auto programado o han sido programadas por sus padres, profesores, familiares, amigos o, incluso, por perfectos desconocidos, para creer que son personas comunes y corrientes y por eso hoy les resulta difícil creer que posean el potencial necesario para triunfar.

Es como si los fracasos del pasado hubiesen cerrado para siempre las puertas de la oportunidad de éxitos futuros. Sin embargo, hay que tener presente que el futuro no tiene que ser igual al pasado, ya que siempre se puede cambiar, aprender y crecer.

Tristemente, cuando la mayoría de nosotros nos graduamos de la escuela secundaria ya estamos casi que totalmente programados para la mediocridad. Sé que suena duro pero es cierto, y lo peor de todo es que de ahí en adelante nos acompaña una tendencia casi inalterable a aceptar la mediocridad en todas las áreas de nuestra vida.

Terminamos por aceptar matrimonios que andan bien en lugar de buscar una relación de pareja espectacular, porque desde pequeños aprendimos que los matrimonios excelentes no existen, son casi imposibles o, si se dan, otra cosa seguramente va a andar mal. Y así muchas parejas viven durante años y hasta décadas dentro de matrimonios mediocres porque no creen que pueda hacerse algo para cambiar esta situación.

Si desde temprana edad has escuchado en tu casa que querer tener más es señal de codicia y produce infelicidad y que lo más prudente es contentarse con lo poco que uno tiene, porque es mejor tener poco y ser feliz que querer tener mucho y ser infeliz, pues no te sorprenda que hoy tengas poco. La repetición constante de estas expresiones las convierte rápidamente en programas mentales que dirigen tu manera de pensar y actuar.

Así que cuestiona cada creencia que exista en tu vida. No aceptes limitaciones sin preguntarte si son ciertas o no. Recuerda que siempre serás lo que creas ser. Si crees que puedes triunfar, seguramente lo harás. Si crees que no lo lograrás, ya has perdido. Es tu decisión.

7
La visualización: Aprendiendo el lenguaje de la mente

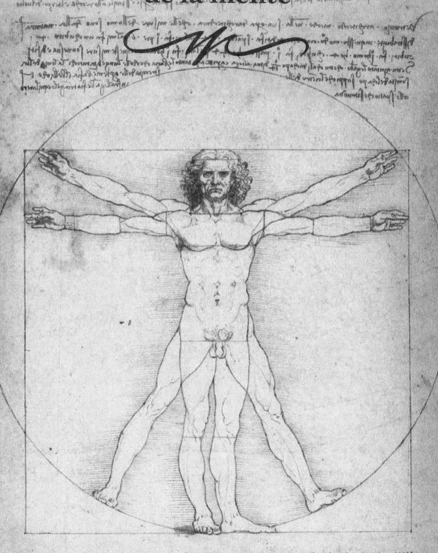

*"La imaginación es el principio de la creación.
Imaginamos lo que queremos, creamos
un profundo deseo por aquello que imaginamos
y finalmente, creamos aquello que hemos deseado".*
—George Bernard Shaw

*C*uando cerramos los ojos, tratando de visualizar cualquier cosa, descubrimos que en esa gran pantalla de la mente subconsciente podemos proyectar cualquier película mental que elijamos. Podemos proyectar una imagen donde nos veamos en posesión de algo que deseamos obtener; podemos ensayar una presentación que debamos realizar ante un cliente al día siguiente; podemos practicar una acción que estamos a punto de ejecutar; o podemos realizar una representación mental de la vida que deseamos vivir.

Sin importar para qué decidas utilizar el poder creativo de la visualización, debes tener presente que las imágenes mentales que consistentemente mantengas en tu subconsciente buscarán manifestarse en las circunstancias y condiciones de tu mundo exterior. Las acciones y ocurrencias externas suelen seguir las acciones y ocurrencias internas.

Jack Nicklaus, uno de los mejores golfistas de todos los tiempos, contaba que incluso antes de elegir el palo con que golpearía la pelota, practicaba cada golpe mentalmente por lo menos cinco veces. Lo visualizaba tal y como esperaba que sucediera.

Michael Jordan describía como milésimas de segundo antes de alistarse a hacer un lanzamiento, corría en su película mental la imagen del balón entrando en la cesta sin siquiera tocar el aro. Esto seguramente contribuyó en gran medida a que tuviera los porcentajes más elevados de efectividad desde cualquier parte de la cancha.

Se dice que Miguel Ángel, el gran pintor y escultor renacentista, fue capaz de visualizar al David en su totalidad, antes de utilizar su cincel por primera vez en aquel gigantesco bloque de mármol que se encontraba frente a él.

¿Qué tan importante es este poder? Albert Einstein aseguraba que la imaginación era más importante que el conocimiento. De hecho, refiriéndose a su propia vida profesional, decía: "muchas de las ideas que vinieron a mí y contribuyeron a mi formación científica, llegaron mientras me encontraba absorto en un mundo de imaginación y fantasía, no mientras utilizaba mi intelecto en la solución de algún problema".

Entonces, ¿qué tal si de ahora en adelante comienzas a hacer lo mismo antes de entrar a tu próxima entrevista de trabajo, antes de hablar con tu siguiente cliente o antes de participar en tu próxima competencia o empezar tu siguiente dieta? ¿Qué tal si comienzas por practicar tu éxito mentalmente en lugar de sabotear tus posibilidades de triunfar, practicando tu fracaso?

Zig Ziglar cuenta cómo, en sus épocas de vendedor, antes de visitar a un cliente, tomaba unos minutos para rodar toda la película de la realización de su venta. Se veía saludando al cliente y realizando su presentación. Veía a su cliente respondiendo con mucho entusiasmo a su propuesta y terminaba con una imagen del cliente agradeciéndole por el producto. En sus ensayos mentales siempre fue capaz de realizar la venta, nunca falló. En la realidad no ocurrió exactamente lo mismo, pero este ensayo mental definitivamente le ayudó a ser mucho más efectivo y a llegar donde sus clientes potenciales con una actitud distinta y unas expectativas diferentes, y esto es lo verdaderamente importante.

La creación mental y la creación física

> *"Los grandes logros comenzaron como un sueño*
> *en la mente de una persona. Al igual que todo ser*
> *se encuentra en la semilla que lo engendra, el roble*
> *duerme en la bellota; el ave espera en el huevo; los*
> *sueños son las semillas de dicha realidad que espera*
> *impaciente. ¡Querer es poder! ¡Soñar es lograr!"*
> —James Allen

Al observar a las personas que lograron grandes metas es posible ver que todas tienen algo en común: utilizan el poder de la visualización para crear una imagen clara de su meta como si ya fuese realidad.

Walt Disney fue capaz de realizar todos los proyectos que concibió debido a su capacidad para visualizarlos ya terminados cuando apenas eran una idea en su mente. La idea de Disneylandia se le ocurrió mientras paseaba con sus hijas por el parque. Él cuenta como en aquella ocasión imaginó un gigantesco parque de diversiones donde los niños y sus padres pudiesen disfrutar juntos, y donde estuvieran todos los personajes de sus dibujos animados. El día en que decidió poner en marcha su proyecto, nada ni nadie pudo detenerlo.

Se cuenta que cuando se encontraba buscando un banquero o un inversionista que financiara la construcción de su parque de diversiones, solía llevarlo al sitio que él había escogido para construirlo en las afueras de la ciudad de Los Ángeles, California, y desde una colina cercana los invitaba a compartir dicha visión. Les decía: "La entrada al parque quedará de aquel lado y allí comenzará la calle central que termina en aquel hermoso castillo, ¿lo puede ver?" Y así describía cada una de las atracciones y juegos con tal claridad como si las estuviese viendo, mientras los potenciales inversionistas, trataban de imaginar lo que Disney veía allí, en medio de aquel terreno baldío.

Durante la ceremonia de inauguración de Epcot Center en la ciudad de Orlando, Florida, cinco años después de su muerte, un reportero se acercó a Roy Disney, hermano de

Walt, quien por aquel entonces se encontraba al frente de la corporación, y le dijo: "Debe ser un momento difícil para usted; un día de gran alegría pero también de inmensa tristeza al ver que Walt nunca pudo ver culminado este parque, que era uno de sus grandes sueños". Roy se volvió al reportero y le dijo: "Joven, está usted totalmente equivocado. Walt vio culminado este sitio. Fue precisamente gracias a que él lo vio culminado mucho antes de que se comenzara a construir, que hoy usted y yo lo estamos viendo".

Esta historia ilustra cómo las personas de éxito son conscientes de la importancia de crear una imagen clara de lo que desean alcanzar y de permitir que toda acción que emprendan esté guiada por esta visión. Cuando creas una imagen, una fotografía mental de lo que deseas alcanzar, tu mente se encargará de mostrarte el camino mediante el cual lograrás materializar tu objetivo.

La Universidad de Yale, una de las mejores universidades de Estados Unidos, dio prueba irrefutable de la validez de este secreto, con un estudio que realizó en el año de 1953. Ellos descubrieron que, de todos los estudiantes que se graduaban aquel año, únicamente un 3% tenía metas fijas, objetivos claramente definidos y escritos en un papel, y los leían y examinaban con regularidad. Únicamente este pequeño número de estudiantes había tomado el tiempo necesario para darle dirección a su vida y escribir aquello que era realmente importante para ellos.

Veinte años más tarde, la universidad hizo un seguimiento a este mismo grupo de profesionales y descubrió que el 3% que había escrito sus metas y definido claramente un plan de acción, había alcanzado cien veces más que el otro 97%.

Estos resultados hablan por sí solos: necesitamos tener metas fijas y objetivos claros antes de empezar. La gente exitosa piensa en sus objetivos la mayoría del tiempo. Como resultado de ello, están moviéndose continuamente hacia sus objetivos, y éstos se mueven hacia ellos. Cualquier cosa en que pienses la mayoría del tiempo, crece y se expande en tu vida. Piensa en tus objetivos y habla de ellos, y lograrás mucho más que la persona promedio que está pensando y hablando constantemente sobre sus preocupaciones cotidianas, sus problemas y sus carencias.

Escribe en la parte superior de un papel la palabra "Objetivos", con la fecha de hoy. Después, haz una lista de diez objetivos que te gustaría alcanzar en los próximos doce meses. Pero no los escribas como algo que "quisieras lograr", o como algo que "esperar poder lograr algún día"; no incluyas en tu descripción de ellos ninguna palabra que exprese duda o incertidumbre. Escríbelos como si ya los hubieses logrado. Comienza cada objetivo con la palabra "Yo", para que sea personal.

Con sólo llevar a cabo este ejercicio, entrarás a formar parte de ese 3% de los adultos de nuestra sociedad que se ha tomado el tiempo para desarrollar una visión clara de lo que esperan lograr. Esta sola acción te separará del 97% de los adultos restantes quienes, tristemente, nunca han escrito una lista de objetivos en su vida.

La idea sobre la cual se fundamenta este principio es que todas las cosas en realidad son creadas dos veces. La creación física está precedida por una creación mental.

Si vas a construir una casa, antes de empezar a excavar, de levantar las paredes o, inclusive, de elaborar y trazar los planos, mentalmente ya has creado una imagen de la casa terminada. Tal vez los detalles no están totalmente definidos, pero por lo menos tienes una visión lo suficientemente clara de lo que quieres como para comenzar a trazar los planos. Ésta es la primera creación, la mental.

Sólo entonces comienzas a excavar para poner los cimientos y levantar las paredes. Esto es lo que constituye la segunda creación: la física. Las personas de éxito saben que si ignoran la creación mental, es muy posible que durante la creación física deban efectuar costosos cambios. La creación, el ensayo mental les permite enfocar mucho mejor sus ideas, practicar su plan de acción, evaluar cada paso del proceso y mejorar o cambiar lo que sea necesario.

Es lo mismo que te estoy pidiendo que hagas. Si presentas a tu mente subconsciente esta imagen o película de tu vida, ya habiendo alcanzado las metas que te has propuesto, ella empezará a trabajar para hacer que tu mundo, que tu realidad exterior sea consistente con esa imagen interna que le has estado presentando. Éste es, sin lugar a dudas, uno de los poderes más grandes de la mente subconsciente, la capacidad de ayudarte a hacer tu mundo exterior consistente con esa imagen interna.

El pensamiento de una casa de ciertas características en la mente de un arquitecto, puede no causar la aparición instantánea de la casa, pero provocará el movimiento de su energía creativa para que produzca su rápida creación.

Gran parte de la humanidad limita sus esfuerzos completamente al trabajo que pueda realizar con sus manos. Tratan de cambiar o modificar con su esfuerzo físico el mundo que los rodea, sin detenerse a examinar la posibilidad de crear la realidad que desean experimentar a partir de los pensamientos que albergan en su mente.

Yo quiero decirte que tú puedes crear la realidad que desees experimentar. Puedes triunfar en cualquier área que te propongas, mientras que estés dispuesto a cambiar tu manera de pensar y desarrollar los hábitos y las habilidades requeridas. No importa que en el pasado no hayas tenido mayores éxitos.

Todo comienza con tu creación mental. Si debes hablar en público, por ejemplo, en lugar de decir: "espero no quedar mal", "espero que no me equivoque", "ojala que no me vayan a temblar las piernas" o "por qué me habrán escogido a mí que odio hablar en público". Di algo así como: "Sé que todo saldrá bien", "amo hablar en público", "soy capaz y estoy segura de lo que voy a decir", "estoy disfrutando de poder hablar en público hoy" o "qué bueno tener esta oportunidad de hablar en público".

Cambia tu diálogo interno, crea una nueva clase de imágenes en tu mente subconsciente de cómo esperas y quieres que ocurran las cosas. Una vez has creado esta imagen, practícala una y otra vez. De esta manera, cuando finalmente estés en el escenario, no será la primera vez que te dirijas a tu audiencia, ya serán viejos amigos puesto que los has visto en cada uno de tus ensayos mentales. Ya tendrás más confianza en ti mismo y en tus habilidades. ¿Ves lo sencillo que es?

Si estás pensando que de nada servirá todo esto, ya que la realidad es que simplemente no eres bueno para hablar en público, nunca lo fuiste y probablemente nunca lo serás, quiero que entiendas que es posible que ésta haya sido tu realidad hasta ahora, pero la puedes cambiar.

Recuerda que tu futuro no tiene que ser igual a tu pasado. Tú puedes cambiar. Si modificas tu diálogo interno, comienzas a crear nuevas imágenes, lo dices con fe en que puede suceder, y dibujas imágenes de éxito que te muestren hablando en público con seguridad y entusiasmo, tu cerebro no podrá distinguir entre la realidad y la imagen que le estás presentando y entonces, será sólo cuestión de tiempo antes de que tu cerebro y tu mente comiencen a actuar y a comportarse de acuerdo con estas nuevas imágenes. ¡Trátalo! No tienes nada que perder y sí mucho que ganar.

La formación reticular y la visualización creativa

Los neurólogos señalan que más de dos millones de estímulos y señales diferentes llegan a nuestro cerebro cada segundo. Obviamente, nosotros no captamos toda esta información con la mente consciente. Si así fuera, la información rebosaría rápidamente su capacidad.

Nuestro cerebro cuenta con un filtro sensorial conocido como formación reticular, que nos señala que información de nuestro medio ambiente es importante y filtra aquellos estímulos que no considera necesarios.

El agudizar el poder de visualización que acabamos de mencionar, produce cambios a nivel cerebral que nos pueden ayudar a materializar nuestras metas. Existen evidencias puramente fisiológicas que muestran un incremento en nuestro nivel de percepción, como consecuencia de formar una imagen mental clara de nuestras metas. Este aumento en la percepción de nuestro medio es conocido por los neurólogos con el nombre de formación reticular y ocurre en una área del tamaño de la uña del dedo pulgar, localizada en la zona media del cerebro.

La formación reticular cumple, por así decirlo, la función de filtro sensorial. Todo impulso sensorial, toda información que haya llegado a través del sentido de la visión, el olfato, el gusto, el oído o el tacto es filtrada hasta cierto grado antes de llegar a la corteza cerebral. La formación reticular es la parte del cerebro que permite que sólo aquella información significativa o importante para la persona logre llegar al centro consciente del cerebro. De manera que el grado con que percibimos, o somos conscientes de cualquier cosa que se encuentre a nuestro alrededor, va en proporción directa a la importancia que previamente le hayamos asignado a ella en nuestra mente.

Por ejemplo, recuerdo que cuando mi esposa quedó embarazada por primera vez, comenzamos a notar la cantidad de mujeres embarazadas que había por donde quiera que fuéramos. Hasta ese momento, ese hecho había pasado casi inadvertido. Pero desde el momento en que supimos de su embarazo, fue como si de repente nuestros sentidos se hubiesen puesto en posición de alerta y percibieran con mayor facilidad la presencia de mujeres embarazadas.

Seguramente, alguna vez te habrá sucedido que tomas la decisión de comprar determinado tipo de automóvil: uno algo diferente, quizás con un color o estilo fuera de lo común. No obstante, después de algún tiempo, comienzas a verlo por todas partes. Es como si de repente fuera el auto más popular. Lo puedes diferenciar desde muy lejos y así te encuentres entre una multitud de autos, el tuyo salta a la vista. Es como si tu sentido de la visión se hubiese agudizado, manteniéndote constantemente alerta a su presencia. Lo que ha sucedido es que una vez le has asignado importancia a cierta idea, a cierta acción u objeto, tus sentidos se vuelven más sensibles y perciben con mayor facilidad dicho objeto debido al interés que ha cobrado en tu mente.

¿Cómo puede ayudarte todo esto a lograr el éxito? Muy sencillo, si tomas el tiempo para identificar claramente las metas y sueños que deseas manifestar en tu vida, te enfocas en ellos y le das la importancia que merecen, visualizándote ya en posesión de ellos, tu formación reticular te ayudará a identificar oportunidades a tu alrededor que te puedan ayudar a alcanzar dichas metas. ¿Cómo puedes hacerlo? Una vez identifiques tus metas, crea imágenes claras de ellas. Ayúdate con fotografías, postales, videos o lo que creas que te pueda ayudar a visualizarlas más claramente.

No hay ninguna fuerza mágica o sobrenatural que opere aquí, es simplemente parte de las funciones fisiológicas del cerebro. En la medida en que te enfocas en cualquier sueño, por imposible que pueda parecer, piensas en él, lo visualizas, lo rodeas de fuertes emociones, y desarrollas un profundo deseo por obtenerlo, activarás tu formación reticular, agudizando así todos tus sentidos para que logren captar con mayor facilidad toda información sensorial proveniente del medio ambiente que pueda estar relacionada con esta meta.

Muchas personas utilizan este poder a diario. Cuando decimos que alguien puede "oler las oportunidades", o que "no se le escapa ninguna oportunidad", podemos estar seguros que esta persona está utilizando su formación reticular. Tu cerebro también está equipado con este mismo poder. Lo único que tienes que hacer es aprender a usarlo y comenzar a ejercitarlo. Sin activar tu formación reticular, sin programarla con aquellas cosas que deseas alcanzar, es posible que las oportunidades que buscas pasen frente a ti sin que tan siquiera te percates de ellas.

Como ya hemos visto, cada persona genera los pensamientos dominantes que ocupan su mente. Los pensamientos que ella adopta voluntariamente, y que fortalece con entusiasmo y otras emociones positivas se transforman en poderosas fuerzas motivadoras que dirigen y controlan sus expectativas y sus acciones.

En su libro: *Piense y hágase rico*, Napoleón Hill utiliza el término "pensamiento magnetizado". El asociar un pensamiento –el logro de una meta específica, por ejemplo— con una serie de emociones fuertes, como la convicción, la certeza y el deseo profundo; el crear una imagen clara de lo que dicho pensamiento representa, y el repetirlo constantemente lograr "magnetizar" dicho pensamiento. Esto hace que nuestra mente sea más susceptible a todo aquello que esté ligado con dicha idea, y actúe como un imán, atrayendo todo aquello que pueda facilitar su realización.

De esta manera, la mente humana está constantemente atrayendo todo aquello que armonice con sus pensamientos dominantes. Cualquier idea, plan, pensamiento o propósito que uno abrigue, atrae miles de ideas afines, las adhiere a su propia fuerza y crece hasta convertirse en el propósito que domina nuestra manera de pensar y nos mueve a actuar.

Quiero darte una tarea para que comiences hoy mismo a tomar ventaja de este poder, de esta valiosa herramienta que tienes a tu disposición. Para cada deseo, meta, o sueño que quieras hacer realidad, busca una imagen que te permita visualizarte habiendo alcanzado ya dicho sueño.

Si deseas conseguir un nuevo auto o una casa, busca una fotografía de ellos, y si puedes estar tú en la fotografía, mucho mejor. Si tu sueño es viajar a cierto lugar del mundo, consigue imágenes de dicho lugar y ponlas en un sitio donde puedas verlas constantemente. Si tu meta es perder diez o quince kilos de peso para volver a tu peso ideal, busca una fotografía tuya cuando tenías ese peso, o toma una imagen del cuerpo que quieres tener y pon sobre ella una foto de tu cara. Haz todo aquello que se te ocurra para poder visualizarte en posesión de aquello que deseas lograr y alimenta tu mente con estas imágenes. Hazlo y te sorprenderán los resultados.

Pensando de la manera correcta

> *"No es suficiente el poseer una buena mente;*
> *lo principal es saber usarla bien".*
> —Rene Descartes

No es suficiente tener un deseo borroso de lo que anhelas, debes formar una imagen clara y definida de lo que quieres hacer, tener o ser. No basta con desear viajar más, ver más o vivir más. Todos tienen esos deseos. Si vas a mandar un mensaje a un amigo, no le enviarías las letras del alfabeto para que él descifre o construya el mensaje, ni tampoco le harías llegar palabras del diccionario al azar. Tú le envías un mensaje coherente que signifique algo específico.

Cuando quieras imprimir tus deseos en la mente, debe ser por medio de una afirmación clara. Debes saber lo que quieres y ser específico. Nunca vas a triunfar o a echar a andar el poder creativo de tu mente mandando mensajes vagos o imprecisos. Determina exactamente lo que quieres y mantén esta imagen en tu mente constantemente. Así como el marinero tiene la visión del puerto hacia donde va, también tú debes tener la mirada enfocada en tu meta todo el tiempo, sin permitir que las distracciones o las dudas te hagan apartar tus ojos de ella.

No es necesario realizar complejos ejercicios de concentración, establecer horarios rígidos para afirmaciones, "retirarse al silencio", o cosas por el estilo. Y no es que lo anterior esté mal, sino que todo lo que necesitas es saber qué quieres y desearlo lo suficiente como para que se fije en tu pensamiento.

Observa constantemente esta imagen de tus sueños y metas. Nadie necesita esforzarse para concentrar su mente en algo que realmente quiere. Son las cosas que realmente no nos interesan en las que nos es difícil mantener centrada nuestra atención.

Entre más clara y definida sea tu imagen, y más pienses en ella, enfocándote en todos sus detalles, más fuerte será tu deseo. Y mientras más fuerte sea tu deseo, más fácil podrás tenerlo en tu mente. Esto te ayudará a romper la inercia, superar la pereza mental y la comodidad, y comenzar a trabajar rápidamente en tus planes.

Pero se necesita algo más que simplemente poder ver la imagen con claridad. Si eso es todo lo que haces serás un iluso que sólo se dedica a pensar en fantasías y tendrás poco o ningún poder para lograr lo que quieres. Detrás de tu imagen clara debe encontrarse el propósito y la convicción de realizarla, de convertirla en una expresión tangible. Debe existir una fe invencible e inquebrantable en que lo que deseas ya es tuyo, que está a tu alcance y que sólo necesitas tomar posesión de ello. Es ver tu sueño como si ya fuese una realidad.

Vive en tu nueva casa mentalmente hasta que tome forma físicamente y sea una realidad. Disfruta en tu mente de las cosas que quieres. Celebra por anticipado tu éxito. La Biblia dice: "Cualquier cosa que pidas con fe, si crees que la vas a recibir, la tendrás".

Observa las cosas que quieres como si estuvieran a tu alrededor. Visualízate teniéndolas y usándolas. Haz uso de ellas en tu imaginación, igual que como las vas a usar cuando sean tuyas. Sumérgete en tu imagen mental hasta que la puedas ver con total claridad tan solo con cerrar los ojos, y después toma posesión de ese sueño. Reclámalo como tuyo. Asúmelo en tu mente, con la completa fe de que es tuyo. Entrégate a esta posesión mental. No dudes ni por un instante que es real.

Vive en la casa nueva, ayuda a las causas benéficas en las cuales crees, maneja el auto que deseas, observa a tus hijos recibiendo la educación que merecen, viaja a donde siempre has querido viajar. Haz todo esto en tu mente, y con confianza planea más cosas. Piensa y habla de todo aquello que has pedido como si fuera tuyo. Imagina un ambiente y una condición financiera exactamente como la quieres, y vive todo el tiempo en ese entorno mental y en esa condición financiera hasta que se convierta en realidad.

No realices este ejercicio como quien construye castillos en el aire. Abraza la fe de que lo que imaginas se está realizando y el mantente firme en el propósito de que se va a realizar. Recuerda que es fe y propósito en el uso de lo que has visualizado lo que establece la diferencia entre el soñador con intención y el iluso.

Tu parte es formular inteligentemente tu deseo por aquellas cosas que hacen una vida más completa, y después imprimir todo este deseo en tu mente. Tu fe y tu voluntad para trabajar por dicha meta se encargarán del resto. "Cree y recibirás".

Sin embargo, la respuesta a lo que buscas no es de acuerdo a tu fe mientras hablas, sino de acuerdo a tu fe mientras actúas. No puedes magnetizar un pensamiento hablando de él de vez en cuando y después olvidándote del asunto por una semana. De nada sirve lo que pienses, proyectes y planees si no está acompañado por el propósito y la determinación de actuar.

8

Cómo crear una
salud óptima

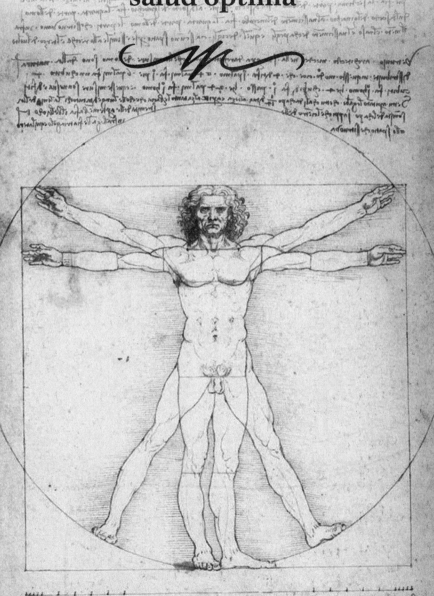

> *"El cuerpo es el siervo de la mente, obedece sus*
> *órdenes, sean éstas deliberadas o automáticas.*
> *Siguiendo pensamientos indebidos el cuerpo*
> *rápidamente se hunde en la enfermedad*
> *y el decaimiento; siguiendo pensamientos*
> *virtuosos, se viste de salud y belleza".*
> —James Allen

*T*ú eres quien eres y te encuentras dónde estás física y mentalmente, como resultado de todos aquellos pensamientos que han encontrado cabida en tu mente. La buena noticia es que si no estás satisfecho con quien eres, si no te encuentras a gusto con tu salud física o mental, puedes cambiar esa situación, cambiando la clase de información, pensamientos y emociones que albergas en tu mente.

Estos pensamientos no sólo afectan tu estado de ánimo y tus acciones, sino que también provocan respuestas en tu cuerpo. Una de las consecuencias más importantes de la ley de la atracción es que el dar cabida en tu subconsciente a pensamientos negativos y destructivos te generan fuerzas y sentimientos negativos, que suelen manifestarse en males y afecciones del cuerpo como úlceras, trastornos cardiacos, hipertensión, artritis, males de la piel, problemas digestivos, migrañas, cáncer y otras enfermedades conocidas como afecciones psicosomáticas. Muchos artículos y referencias en publicaciones médicas muestran cómo el estado emocional y mental de las personas contribuye en gran medida a desarrollar estas enfermedades.

Pero nadie nace con estas emociones y sentimientos negativos. Como ya hemos visto, los hemos aprendido y programado en el subconsciente a lo largo de nuestra vida. En la medida en que comienzas a cambiar tus pensamientos conscientes y a pensar de manera más positiva y optimista, poco a poco logras cambiar esa programación. Al hacer esto, automáticamente cambias la dirección y el rumbo de tu vida.

El doctor Deepak Chopra, muy acertadamente, anota que pensar es practicar química cerebral. El producto de estas reacciones químicas es la secreción de hormonas de glándulas como el hipotálamo y la pituitaria, y estas hormonas se encargan de transmitir mensajes a otras partes del cuerpo.

Se ha demostrado que los pensamientos hostiles y de enojo aceleran los latidos del corazón y suben la presión arterial, mientras que la ira, el resentimiento y la tristeza debilitan el sistema inmunológico del cuerpo. De esta manera, millones de personas son causantes de muchos de los males que les aquejan debido a las ideas negativas que mantienen en su mente.

Es indudable que las emociones negativas como la preocupación, la duda, el odio, la rabia y el deseo de venganza intoxican el subconsciente. Del mismo modo, los pensamientos positivos producen un flujo de neurotransmisores y hormonas en el sistema nervioso central que estimula, provee energía al cuerpo y crea las circunstancias propicias para la conservación o restauración de una buena salud.

¿Te has dado cuenta cómo aquellas personas que constantemente se quejan por todo, son las mismas que suelen enfermarse constantemente? Martín Seligman, profesor de la Universidad de Pensilvana, asevera que el sistema inmunológico de la persona pesimista y negativa no responde tan bien como el de la persona optimista y positiva. Los pesimistas sufren de más infecciones y enfermedades crónicas.

En 1937, la Universidad de Harvard dio comienzo a una investigación con los estudiantes que se graduaron aquel año.

Periódicamente estos individuos respondieron preguntas acerca de su estado físico y emocional. El estudio demostró que aquellas personas que a los 25 años de edad ya exhibían una actitud pesimista sufrieron en promedio un mayor número de enfermedades serias a una edad entre los 40 y los 50 años.

En otro estudio realizado con treinta personas que sufrían de cáncer del colon o de un tumor maligno, se les pidió a los pacientes que tomaran un curso de ocho semanas para ayudarles a relajarse y cambiar su actitud mental. La terapia consistía en visualizar enormes células anticancerosas navegando a través del sistema sanguíneo y devorando las células cancerosas o el tumor existente. El propósito era cambiar la actitud derrotista y las creencias negativas que muchos de ellos tenían. Los resultados fueron sorprendentes. Los pacientes que tomaron el curso mostraron un incremento en el número de las células que normalmente protegen el cuerpo contra el crecimiento de tumores malignos.

Como ves, esa actitud optimista y perseverante de la cual habla la ley de la atracción no sólo te ayudará a alcanzar tus metas más ambiciosas sino que, en muchas ocasiones, puede ser la diferencia entre la vida y la muerte. Un grupo de investigadores del hospital *King's College* de Londres, realizó un estudio en 57 pacientes que sufrían de cáncer de seno y habían sido sometidas a una masectomía. Siete de cada diez mujeres que poseían lo que los doctores llamaban un "espíritu de lucha" aún vivían vidas normales diez años más tarde, mientras que cuatro de cada cinco de las mujeres que, en opinión de los doctores, "habían perdido la esperanza y se habían resignado a lo peor" tras escuchar su diagnóstico, habían muerto.

Así que examina cuidadosamente la clase de información con la cual estás alimentando tu mente, y controla los pensamientos que permites que la ocupen, ya que éstos afectan en gran medida tu salud física y mental.

La verdadera fuente de la eterna juventud

En cierta ocasión una señora fue a retratarse. Cuando se sentó frente al fotógrafo, mantuvo la postura áspera y dura que generalmente la caracterizaba, y la mirada hosca que tanto amedrentaba a los chiquillos de la vecindad. Al ver esto el fotógrafo le dijo:

- "Señora, ¡alegre un poco más los ojos!"

Ella trató de obedecer, pero aún su mirada era dura. Así que él le dijo en tono entre cariñoso y autoritario:

- "Trate de mirar con un poco más de dulzura".

A lo que la mujer respondió con aspereza:

- "Si a usted le parece que una vieja apática puede tener brillo en la mirada, y que a pesar de su mal humor, puede ponerse alegre cuando se lo digan, usted no tiene ni idea de la naturaleza humana. Para cambiar de actitud, sería necesario tener algo alegre frente a mí".

- "Tiene razón", repuso él, "pero no es frente a usted que lo necesita, sino dentro. Y es usted misma quien puede poner ese algo en su interior. Trátelo y verá como es posible".

La señora se sintió inspirada por los modales y tono del fotógrafo, tomó más confianza, e hizo otro intento. Esta vez, fue posible ver el brillo en su mirada.

- "¡Así está bien!", exclamó él al observar el resplandor pasajero que iluminaba aquel marchito semblante. "Parece usted veinte años más joven".

Camino a casa, con el corazón conmovido por las palabras del fotógrafo, las cuales habían sido el primer cumplido que oía desde la muerte de su esposo, sintió algo que ya había olvidado. Al llegar, se miró un largo rato al espejo, y exclamó: "Tal vez aquel fotógrafo tenga razón, pero ya veremos como queda el retrato".

Al recibirlo, parecía como si fuese otra. Su rostro se veía más joven. Contempló aquella fotografía durante largo tiempo, y dijo al fin con una voz clara y firme: "si fui capaz de hacerlo una vez, podré hacerlo nuevamente." Puso entonces el espejo sobre su mesa y exclamó: "Rejuvenécete"; y nuevamente brillaron sus ojos. "¡Mira un poco más dulcemente!", se ordenó a sí misma; y una tranquila y radiante sonrisa iluminó su rostro.

Pronto sus vecinos se dieron cuenta del cambio, y le dijeron: ¿Cómo es que se está usted volviendo joven? ¿Qué ha hecho para quitarse los años de encima?

A lo que respondió: "todo lo que hice, lo hice en mi interior. Descubrí que si somos serenos, experimentaremos serenidad".

Nadie puede ser verdaderamente feliz y gozar de una salud óptima mientras no sepa controlar su cuerpo y su mente y mantener constantemente un equilibrio entre su condición mental y física. Un automóvil no anda bien porque tenga un excelente chasis, buen motor o las llantas apropiadas. Su funcionamiento eficiente no depende de tal o cual pieza, sino que resulta de la coordinación, ajuste y acoplamiento de todas las piezas que lo componen. Lo mismo sucede con un reloj. La imperfección de un solo diente del más diminuto engranaje impediría que el reloj funcione como debe y dé la hora correcta. No basta la particular perfección de cada una de las piezas, sino que todas ellas trabajen conjuntamente y en armonía.

La salud es respecto al cuerpo como lo es la hora respecto al reloj. La salud es la hora exacta del cuerpo, la armónica relación y correspondencia entre todas las partes, pues la más leve imperfección de cualquiera de ellas alterará la armonía del conjunto. El tener fuertes músculos, o un hígado en perfectas condiciones no determinan por sí mismos la salud. Ésta es el resultado del funcionamiento armónico de todos los órganos del cuerpo.

La salud y la felicidad nacen del funcionamiento equilibrado y armónico de la máquina humana –cuerpo y mente—.

Pocas personas son concientes de la enorme influencia que su mente tiene sobre su vida y su salud. Al ver un famoso especialista en enfermedades nerviosas que los medicamentos que recetaba a sus pacientes no le estaban dando ningún resultado, les sugirió que estuviesen siempre sonrientes en cualquier circunstancia. El procedimiento obró como por arte de magia. Este especialista encontró que era posible crear en los enfermos la emoción de la alegría por medio de la actitud física de la risa, que es la manifestación fisiológica de dicha emoción.

Nuestra salud suele estar tan quebrantada, entre otras razones, porque desde niños se nos ha infundido la idea de que el dolor y el sufrimiento físico son inherentes a la vida como males imposibles de evitar. De manera que crecemos creyendo que disfrutar de una salud óptima es la excepción y que debemos aceptar nuestras dolencias, pesares y melancolías como algo ineludible.

El niño oye hablar tanto de enfermedades y tan a menudo se le previene contra ellas, que crece con la convicción de que son ley de la vida, y por ello teme que en cualquier momento se quebrante su salud. Pensemos cuánto favorecería a este niño si le enseñáramos que la salud es el estado normal y la enfermedad el anormal.

Pensemos en el gran beneficio que recibiría la persona adulta si desde niña esperara mantenerse en completa salud, en vez de alimentar constantemente su mente con las posibles enfermedades que sufrirá y con la preocupación de andar siempre precavido contra el riesgo de contraerlas. Al niño se le debe enseñar que Dios no engendra jamás la enfermedad ni el sufrimiento, ni se complace en nuestras penas, sino que estamos destinados a tener salud y felicidad, cuyo resultado es el gozo y nunca el sufrimiento. La índole de nuestros pensamientos determina la índole de nuestra conducta. No podremos tener salud si, por ejemplo, estamos siempre pensando en la enfermedad, de la misma manera que no podremos vivir una vida de prosperidad si constantemente estamos enfocados en la escasez.

Cada mañana deberíamos levantarnos con la pizarra en blanco y borrar de nuestra mente toda imagen negativa, sustituyéndola por imágenes armoniosas y estimulantes. Millones de personas son causantes de muchos de los males que les aquejan debido a las ideas negativas que mantienen en su mente. Y aun cuando dichas preocupaciones existen sólo allí, los resultados que trae son muy reales.

Muchas personas cargan a cuestas todas las calamidades posibles. Viven estresadas y con una angustia constante. Parecen piezas de máquina que se mueven a velocidad forzada y crujen por falta de lubricante. La persona que vive en perfecta normalidad no debe poner la cara de acosado y perseguido que muchos ponen, como si la policía les pisara los talones.

Un poco de esparcimiento no sólo mejorará nuestra salud, sino que aumentará nuestro nivel energético. La persona consumida totalmente por su trabajo o profesión, que no cuida su salud ni busca momentos de esparcimiento y descanso, se parece al cortador de árboles, que tan afanado está en continuar su labor que se olvida de afilar su hacha y pronto queda inhabilitado para continuar su trabajo.

Nos engañamos al creer que podemos hacer un mayor y mejor trabajo poniendo más horas en él, llevando nuestro cuerpo y mente hasta el límite, que haciéndolo en menos horas, con menor fatiga, pero con mayor vigor e intensidad.

Muchas personas capaces de realizar un buen trabajo, lo dejan mal hecho, porque la mayor parte del tiempo están agotadas y cansadas. Viven como si tuvieran suspendido de un hilo sobre su cabeza, un hacha, con la amenaza constante de herirles si paran a descansar. Nunca disfrutan sin sentirse culpables.

Recuerda que una salud óptima no es simplemente el resultado de la ausencia de enfermedad, sino de vivir una vida relajada, armónica y feliz. Y el llegar a este estado sólo se logra entendiendo que cada día tenemos la oportunidad de vivir plenamente felices o plenamente miserables. Es nuestra decisión.

Creando una salud óptima con nuestra manera de pensar

La salud y la enfermedad, al igual que las circunstancias, tienen su raíz en los pensamientos. Los pensamientos enfermizos se expresan a través de un cuerpo enfermo. Se dice que los pensamientos de temor matan a una persona tan rápido como una bala, y continuamente matan miles de personas, quizás no con la misma rapidez, pero sí con igual efectividad. En general, los pensamientos nocivos terminan por destruir el sistema nervioso.

De otro lado, pensamientos energéticos de pureza y optimismo producen en el cuerpo vigor y energía. El cuerpo es un instrumento muy frágil y elástico, que responde rápidamente a los pensamientos que lo dominan. Tarde o temprano, éstos producirán sus efectos, así sean positivos o negativos.

James Allen afirma que mientras continuemos albergando pensamientos nocivos en nuestra mente, nuestro cuerpo no estará totalmente sano. De un corazón limpio y sano emana una vida y un cuerpo igualmente limpios y sanos. De una mente contaminada proceden una vida y un cuerpo enfermizos y contaminados. El pensamiento es la fuente de la vida, de toda acción y manifestación; construye una fuente que sea limpia y pura y todo a tu alrededor será igual.

La dieta, por ejemplo, no ayudará físicamente a aquella persona que se rehúse a cambiar su manera de pensar. No obstante, al modificar los pensamientos, nuestra mente se encargará de ayudarnos a evitar las comidas nocivas y poco saludables. Si deseas perfeccionar tu cuerpo, sé cuidadoso con lo que pones en tu mente. Si quieres renovar tu cuerpo, limpia primero tu mente. Una cara amarga no es cuestión de azar, sino de pensamientos amargos. En la cara de los ancianos hay arrugas producidas por la paz y la amabilidad, otras por la dureza y reciedumbre de su trabajo, y otras talladas por la discordia. Sin embargo, ¿quién no puede distinguir entre ellas? Para aquellos que han vivido correctamente, la edad trae calma y paz.

Vivir continuamente con pensamientos negativos y pesimistas es confinarse en una prisión edificada por uno mismo. Pero pensar bien de todo, ser amable con todos, y aprender pacientemente a encontrar el lado bueno de las cosas atraerá paz en abundancia a nuestra vida.

Vamos por la vida pensando que nuestras enfermedades son el resultado del medio ambiente, que han sido heredadas, que vinieron como producto de pobres hábitos alimenticios a los que fuimos introducidos por nuestros padres, o que han sido el resultado de cosas totalmente fuera de nuestro control. Pero lo cierto es que, salvo contadas excepciones, la mayoría de nosotros experimenta el estado de salud que se ha encargado de crear con su manera de pensar. Nosotros mismos nos hemos encargado de atraer hacia nuestra vida la salud óptima de la cual gozamos o las enfermedades que hoy nos aquejan.

La buena noticia es que, como con cualquier otra área de tu vida, si deseas cambiar tu nivel actual de salud, lo puedes hacer, modificando tu manera de pensar y actuar. Algo sobre lo cual tú tienes control absoluto.

9

El camino al éxito
y la felicidad personal

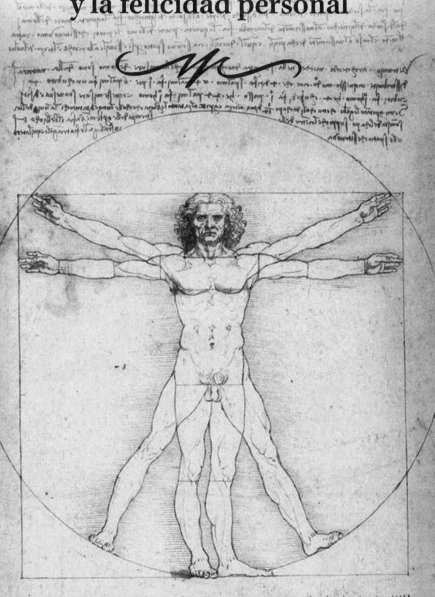

"Ciertamente el mundo nos devuelve lo que depositemos en él. Si reímos también ríe, y si lloramos aparece el reflejo con triste semblante".
—Orison Swett Marden

Si nos preguntaran cuales son las tres cosas que con mayor anhelo deseamos atraer a nuestra vida, la gran mayoría respondería: salud, riqueza y felicidad; pero si la pregunta se enfocara en la mayor de las tres, con seguridad, la mayoría escogería la felicidad.

En el primer capítulo veíamos como todo ser humano anda en la eterna búsqueda de la felicidad. Todos nos esforzamos en mejorar nuestras condiciones de vida, en vivir con mayor desahogo y en librarnos de tareas duras, creyendo que todo esto nos dará la felicidad. Pero lo cierto es que quien ha salido en busca de la felicidad ha descubierto que es imposible hallarla si va detrás de ella, porque ésta surge de las acciones correctas y el corazón generoso, y no es el resultado de perseguirla hasta acorralarla. Sin integridad, generosidad y rectitud de pensamiento, ni la más grande riqueza nos proporcionará felicidad. Muchos han sido los que al no actuar con rectitud son infelices, a pesar de tener satisfechas todas sus necesidades materiales. En cambio, han sido muchas las personas que aún frente a muy adversas circunstancias encontraron felicidad, sólo por haber obrado con justicia.

Todos creemos que encontraremos la verdadera felicidad si logramos atraer y procurar mayores comodidades, o alcanzar una mejor posición que la que tenemos. Pero lo cierto es que la felicidad no es el resultado de satisfacer nuestros apetitos y deseos, sino que es fruto del esfuerzo noble y de la vida útil.

La felicidad aparece cuando decimos una palabra afectuosa a quien necesita oírla, cuando actuamos de manera noble o tenemos un impulso generoso. La sentimos con cada pensamiento recto, con cada palabra o acción compasiva, así no la estemos buscando. Nuestro error está en que la buscamos donde no existe: en lo transitorio y perecedero. Ella surge de dar y entregar, no de recibir y retener. Quien ande en busca de la felicidad, debe recordar que dondequiera que vaya sólo logrará atraer lo que haya llevado consigo. Es imposible encontrar a nuestro alrededor algo que no se encuentre en nuestro interior.

Sin querer decir que está mal desear gozar de un mejor estilo de vida, debemos recordar que jamás seremos felices atesorando riquezas, por valiosas que sean, ya que lo que el ser humano es, y no lo que tiene, es lo que labra su felicidad o su infortunio.

El corazón humano siempre está hambriento; pero la infelicidad es el hambre de adquirir, mientras que la felicidad es el ansia de dar.

Ésta es quizás una de las consecuencias más importantes de la ley de la atracción: La felicidad es el premio de los servicios prestados a nuestros semejantes, del esfuerzo por desempeñar nuestro papel y cumplir nuestro deber con el mundo. Se deriva del deseo de ser útil, de mejorar el mundo de modo que haya menos penas en él a causa de nuestros esfuerzos. Las palabras de aliento, la ayuda no solicitada pero oportuna, el trato amable, los deberes fielmente cumplidos, los servicios desinteresados, la amistad, el afecto y el amor, son sentimientos y actitudes que, no obstante su sencillez, nos ayudan a atraer hacia nosotros la paz y la felicidad que pocas otras cosas nos pueden proporcionar.

La visión y los ideales crean tu realidad

Valora tu visión y tus ideales; valora la música que mueve tu corazón y los sueños que se forman en tu mente. Si te mantienes fiel a ellos, crearás las condiciones propicias y el ambiente favorable para construir tu mundo. Pocas cosas te permitirán atraer la felicidad y el éxito a tu vida de la manera que lo hace el saber que estás viviendo una vida con propósito. Es casi imposible encontrar una persona en un estado de profunda angustia o depresión, que esté persiguiendo activamente sus sueños y metas con valor y deseo. Una vida guiada por nobles ideales no es terreno fértil para los pobres hábitos y las emociones negativas.

De igual manera, los deseos mezquinos no pueden ser gratificados, ni las aspiraciones puras morir sin recompensa. Esto iría contra las leyes naturales. Sueña nobles sueños y te convertirás en el producto de dichos sueños. Tu visión es la promesa de lo que un día serás. Tu ideal es la profecía de lo que un día llegarás a revelar. Si tus circunstancias no son de tu agrado, tú puedes cambiarlas, concibiendo un gran ideal y luchando por alcanzarlo.

Imagínate a un joven oprimido por la pobreza; confinado a largas horas de trabajo en un lugar insalubre, con pocas o ninguna oportunidad de ascenso; sin estudios, y sin haber desarrollado ningún talento o habilidad especial.

Sin embargo, él sueña con cosas mejores. Concibe y crea con su mente una condición de vida ideal. Con el tiempo, esta visión de una mayor libertad y un nivel de vida más elevado toman posesión de él; el apremio y la urgencia lo impulsan a actuar, y utiliza todo su tiempo y sus medios en el desarrollo de los poderes y talentos que se encuentran dentro de sí.

Muy pronto su nuevo estado mental hace que aquel taller donde trabaja no pueda retenerlo más. Se ha convertido en algo tan fuera de armonía con sus pensamientos que, finalmente es descartado como quien se deshace de un par de zapatos viejos, y, al aumentar las oportunidades que encajan con su creciente poder, sus circunstancias pasadas dejan de ser parte de su realidad para siempre.

Años más tarde, este joven se convierte en un hombre, dueño de poderes mentales inigualables que aprovecha y que al ser utilizados le permiten crear una influencia que se expande a través de todo el mundo. En sus manos toma las riendas de responsabilidades gigantescas; cuando habla transforma vidas; hombres y mujeres utilizan sus ideas para moldear con ellas su propio carácter.

Ahora es como un eje luminoso alrededor del que giran innumerables destinos. Ha podido influenciar muchas vidas, y su ejemplo ha sido seguido por otros, todo como resultado de haber perseguido con entusiasmo la visión y los ideales de su juventud. Esto es lo que puede suceder si aceptas el reto de salir tras tus propios ideales.

El espíritu de gratitud: fuente de prosperidad

A lo largo de los capítulos anteriores hemos visto, una y otra vez, que el primer paso para atraer hacia nosotros una vida de éxito y prosperidad requiere formar en nuestra mente una idea clara de lo que deseamos lograr. Una vez hecho esto debemos comunicarla al universo y reclamarla con fe en que sucederá.

Sin embargo, para que funcione es necesario desarrollar una relación armoniosa con el universo. Y esta relación armoniosa, y el proceso mental de ajuste y sintonía que requiere puede ser resumido en una sola palabra: Gratitud.

La falta de gratitud mantiene en la pobreza incluso a aquellas personas que han organizado sus vidas correctamente en todos los otros sentidos. La persona agradecida atrae hacia sí la riqueza con mayor facilidad que la que nunca se detiene a agradecer nada. Entre más agradecidos estemos por todas las cosas buenas que nos llegan, más habremos de recibir, y más rápido, ya que la actitud de agradecimiento nos acerca a la fuente de donde provienen las riquezas.

La gratitud mantiene tu mente en una armonía más cercana con las energías creativas del universo. Si lo consideras con detenimiento verás que es verdad. Las cosas buenas que tienes te han llegado obedeciendo ciertas leyes. La gratitud llevará tu mente hacia aquello que origina la riqueza, te mantendrá en armonía cercana con el pensamiento creativo y te advertirá cuando estés a punto de caer en el pensamiento errado.

Siguiendo el postulado de la ley de la causa y el efecto es fácil ver que la gratitud que tu mente exprese por cualquier cosa y hacia cualquier persona, no sólo llegará a su destino, sino que generará una respuesta instantánea hacia ti. Si tu gratitud es fuerte y constante, la respuesta será igual; el movimiento de las cosas será siempre hacia ti.

Pero el valor de la gratitud no sólo consiste en que logra conseguirte más cosas en el futuro. Sin ella es imposible experimentar total satisfacción con las cosas como son actualmente.

Si permites que tu mente se sumerja en la desesperación de las angustias de la vida cotidiana, empiezas a dudar y a perder la firmeza. Cuando fijas tu atención en lo pobre, lo débil y lo malo, tu mente toma la forma de estos elementos negativos. Como resultado de ello, lo pobre, lo débil y lo malo se sentirán atraídos hacia ti. Si le permites a tu mente que se sumerja en lo inferior, te volverás inferior y te rodearás de cosas inferiores. Pero, si te fijas en lo mejor, te rodearás con lo mejor, y serás lo mejor.

También, la fe crece con la gratitud. La mente agradecida siempre espera cosas buenas, y esta esperanza engendra fe. La actitud de gratitud produce una mayor fe, y cada vez que agradecemos la aumentamos. Quien no tiene sentimiento de gratitud no puede mantener la fe, y sin ella no prospera.

Por lo tanto, es necesario cultivar el hábito del agradecimiento por todo lo bueno que ocurre en nuestras vidas, y hacerlo continuamente.

10

La ley de la atracción y nuestras relaciones personales

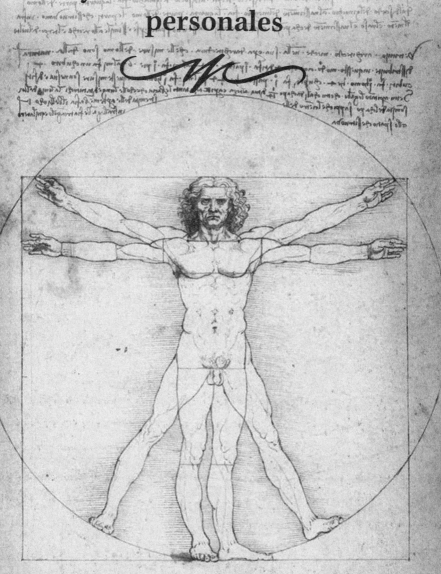

"Es posible ganar más amigos en dos meses interesándonos por los demás que en dos años tratando que los demás se interesen por nosotros".
—Dale Carnegie

El ser humano está destinado a vivir rodeado de otras personas. Las relaciones con los demás constituyen un aspecto central de nuestra existencia. Nuestras relaciones nos definen –ya sea en la familia, en la pareja, en el trabajo o en cualquier otro ámbito de nuestra vida—. De hecho, casi la totalidad de nuestras actividades involucran a otros, lo cual puede ser fuente de grandes satisfacciones, o deparar terribles sufrimientos, ya que nuestra actitud hacia los demás determina su actitud hacia nosotros. El 85% de nuestro éxito estará determinado por la calidad de las relaciones que mantengamos en las diferentes áreas de nuestra vida.

Nuestras posibilidades de triunfar, ser feliz y avanzar más rápidamente en nuestro campo de interés, aumentan en la medida en que logremos desarrollar relaciones positivas con las personas correctas. Virtualmente, en cada punto decisivo de nuestra vida, hay alguien que puede ayudarnos o detenernos, o por lo menos retrasarnos para alcanzar nuestros objetivos. La gente exitosa convierte en hábito el construir y mantener relaciones de alta calidad a través de sus vidas, y así logra mucho más que la persona promedio.

Por tal razón, es importante entender que no basta con que las relaciones personales se produzcan. Lo verdaderamente importante es que éstas sean fructíferas, que engendren paz y armonía, que construyan y nos den la oportunidad de edificar una vida y un mundo mejor, que saquen a relucir lo mejor de nuestro potencial y nos conviertan en mejores personas. Las relaciones nocivas destruyen y debilitan nuestra autoestima, nos sitúan en el papel de víctimas o victimarios, producen estrés y angustia, y nada positivo puede salir de ellas.

Lo interesante es que cada uno de nosotros es responsable por atraer tanto lo uno como lo otro. Cuando miras a todas las personas que se encuentran a tu alrededor, debes tener claro que tú las has atraído hacia ti. Habrás escuchado aquel refrán que dice: "Dime con quien andas y te diré quien eres", o aquel otro que reza: "Dios los hace y ellos se juntan".

Estos dos adagios ilustran una de las consecuencias más importantes de la ley de la atracción: siempre atraeremos a aquellas personas que reflejan nuestros propios valores, principios, carácter y visión del mundo. Las personas son como los camaleones. Ellas imitan y adoptan las actitudes, comportamientos, valores, y creencias de la gente con la que se asocian la mayor parte del tiempo.

La mayoría de los problemas y conflictos en tu vida son el resultado de establecer relaciones equivocadas con gente equivocada. De igual manera, los grandes éxitos en la vida son el producto de entrar en contacto con personas con quienes puedas establecer relaciones positivas. La clave es entender que las buenas relaciones no se dan por si solas, sino que se construyen en la práctica; se cultivan mediante el trato personal, interactuando, buscando entender y ser entendidos, escuchando con empatía, no simplemente coexistiendo.

Si quieres ser una persona exitosa, asóciate con gente similar, optimista y feliz, que posea metas claras y que se esté moviendo hacia adelante en su vida. Al mismo tiempo, aléjate de las personas negativas, que sólo critican y se quejan por todo. Si quieres volar con las águilas debe buscar las alturas, no te puedes poner a escarbar el suelo con las gallinas. No obstante, recuerda que tú no puedes atraer hacia ti algo que ya no se encuentre en tu interior.

Las personas de éxito saben lo importante que es rodearse de las personas correctas. Comprenden que es imposible tener una gran empresa con personas mediocres, por lo cual se dedican a construir equipos de trabajo fuera de serie. Ellas saben que el éxito de una empresa es simplemente el reflejo del éxito, grado de motivación y compromiso de las personas que la componen. Por eso buscan siempre ayudar a cada individuo en su equipo a encontrar el éxito en su propia vida.

Quizás la mejor manera de construir relaciones positivas es buscar constantemente nuevas formas para ayudar a los demás a lograr sus propias metas y descubrir su propio potencial. Entre más entregues de ti mismo sin esperar nada a cambio, más recibirás de las fuentes más inesperadas.

Reglas para convertirnos en compañía indeseada y desagradable

Benjamín Franklin sabía lo importante que son las buenas relaciones. Entendía los resultados de tenerlas y como desarrollarlas. Esto lo convirtió en una de las personas más influyentes de su época en todas las áreas en las cuales participó.

Quiero compartir uno de sus escritos, en el cual, con gran humor y utilizando la sátira como estilo literario, nos hace ver la manera de no proceder si deseamos desarrollar buenas relaciones. Su propósito, obviamente, es que entendamos que es imposible construir buenas relaciones con los demás si sólo estamos pensando en nosotros mismos.

"Puesto que el objetivo es brillar, siempre que te encuentres en compañía de otras personas, deberás utilizar todo medio a tu alcance para evitar que otra persona brille más que tú. Esto lo podrás lograr de varias maneras:

1. Si te es posible, busca apoderarte de toda la conversación. Si el tema en cuestión no te es familiar, habla lo que más

puedas acerca de ti, tu educación, conocimientos, logros, éxito en los negocios, o las sabias observaciones y apuntes que has hecho en otras ocasiones.

2. Si necesitas dejar de hablar unos segundos para tomar aire, y en ese momento alguien más aprovechara a decir algo, analiza con cuidado cada palabra, idea o actitud en su intervención, en busca de algún punto que te permita contradecirlo. Si no encuentras nada, corrige su manera de hablar o su vocabulario.

3. Si ves que otra persona ha dicho algo que es indiscutiblemente cierto y sabio, puedes hacer una de varias cosas: No le prestes ninguna atención, interrúmpela, o busca desviar la atención de los demás hacia ti. Si logras descubrir hacia dónde va ella con dicha idea, encuentra rápidamente cualquier oportunidad de terminar la idea antes que ella. Si todo lo anterior falla y ves que dicha idea ha contado con la aprobación de los presentes, apresúrate a dar también tu aprobación, e inmediatamente haz la anotación que dicha idea es de otra persona o de un gran escritor. De esta manera lograrás privar al otro del crédito o prestigio que hubiese podido ganar con dicha idea, al tiempo que logras ganar la reputación de ser una persona muy leída e instruida.

4. El actuar de esta manera te asegurará que cuando estés en presencia de alguna de estas personas nuevamente, ellas optarán por quedarse calladas y dejar que hables. Así podrás brillar sin ninguna oposición ni competencia, al tiempo que le muestras a tus oyentes lo poco versados que ellos son.

Si sigues estos consejos podrás estar seguro que te sentirás muy bien contigo mismo, sin importar como se sientan los demás. Las ventajas de esto son muy evidentes, mientras que la audiencia aprecia la presencia del hombre culto y cordial, tú ni siquiera necesitas hacer acto de presencia, ya que esta misma audiencia apreciará mucho más el que estés ausente".

Como vez, la manera más certera de repeler a los demás es, como lo dijeran Franklin y Carnegie, pensando únicamente en nosotros mismos. De igual manera, pensando en los demás atraerás hacia ti relaciones positivas y duraderas. ¿Cómo hacerlo? He aquí un ejemplo muy sencillo:

Quiero que te imagines que mañana en la mañana, justo antes de salir para tu trabajo, tu teléfono suena y al otro lado de la línea está una persona a la cual tú respetas mucho; a quien aprecias y admiras. Tú sabes que es una persona sincera, honesta, en la cual tú depositarías toda tu confianza.

Imagínate que después de saludarte muy cordialmente, ella te dice: "Primero que todo, quiero que sepas que no te he llamado para pedirte ningún favor. Sé que debí llamarte hace mucho tiempo para decirte esto, así que esta mañana decidí que no pasara de hoy.

Simplemente quiero dejarte saber que tú eres una de las personas más integras que he tenido la oportunidad de conocer. Creo que eres un gran profesional y siempre he pensado, y así se lo he dicho a mi esposa, que además, eres un padre y un esposo ejemplar; una persona que cualquiera se sentiría orgulloso de llamar su amigo. Cuando hablo contigo, me siento motivado porque eres la clase de individuo que sabe sacar a relucir lo mejor de las otras personas, y por esta razón quería llamarte hace mucho tiempo, para manifestarte cuanto te estimo, y cuanto aprecio tu amistad. Eso es todo; espero que hoy tengas un gran día. Hasta pronto". Y luego de despedirse afectuosamente, cuelga el teléfono.

Ahora bien, teniendo en cuenta que se trata de un amigo sincero, que no te diría esto si no se sintiera de esa manera, quiero que te preguntes: ¿Qué clase de día crees que vas a tener después de haber escuchado esto a primera hora de la mañana? Si vas a hornear un pastel, ¿crees que ese día, por alguna razón, hornearías un mejor pastel? Si eres profesor, ¿crees que enseñarías una mejor clase ese día? ¿Crees que ese día serías un mejor padre de familia? Si eres vendedor, ¿crees que ese día serías un mejor vendedor? Seguramente si, ¿no es cierto?

A pesar de que esta persona no te haya dicho absolutamente nada acerca de cómo realizar ninguna de estas actividades de una mejor manera, tú estás seguro que tu desempeño sería mejor. ¿Por qué? Porque tu imagen y tu autoestima han recibido una transformación repentina. No es que ahora sepas más de lo que sabías antes de recibir la llamada acerca de cómo hornear, enseñar o vender mejor. Lo único que ha sucedido es que las palabras de tu amigo te han abierto los ojos a la grandeza que se encuentra en tu interior. Por absurdo que pueda parecer, ese sencillo reconocimiento te ha convertido en otra persona. Sus palabras han dibujado en tu mente toda una serie de nuevas imágenes positivas acerca de tu verdadero potencial, tus aptitudes y tus capacidades; e inmediatamente tu mente y tu cuerpo han comenzado a trabajar basados en esta nueva información.

En numerosas ocasiones he encontrado personas exitosas que pueden señalar el momento preciso en que su vida comenzó a cambiar. Y muchas veces ese momento, fue cuando hubo unas palabras de apoyo de un padre o un profesor, el voto de confianza de un amigo, o una llamada de apoyo de un familiar.

Entonces, ¿por qué no haces tú lo mismo? ¿Qué te impide levantar el teléfono y llamar a una de esas personas a las cuales has deseado alguna vez decirle algunas de estas cosas, o que sabes que necesitan escuchar esto de ti, y les dejas saber cómo te sientes? Déjales saber cuáles son las cualidades que ves en ellas y el gran potencial que tienen. Te puedo asegurar que ese día ellas también van a ser mejores personas, y con toda seguridad su autoestima mejorará y se sentirán mucho mejor consigo mismas.

Pero, ¿adivina quién se sentirá aun mejor acerca de si mismo? ¡Tú! Porque sabrás que ese día has sembrado una semilla de éxito y felicidad en otra persona; habrás ayudado a otro ser humano a tomar la iniciativa para reconocer y reclamar el talento y el potencial que reside dentro de ella. Hay muy pocos sentimientos que sean tan gratificantes como este. Así que no te prives de la oportunidad de experimentar esta gran sensación en tu vida.

Nuestro temperamento y el trato hacia los demás

Que difícil parece ser construir relaciones duraderas y que fácil suele ser destruirlas. Insultamos a nuestros seres queridos con arrebatos de cólera, perturbamos la paz del hogar y ofendemos a otros con ofensas y calumnias. No tuvimos intención de ultrajar, calumniar o insultar a los amigos ni de tratar despectivamente a los demás; pero por falta de control, prudencia y cuidado, nuestro temperamento se disparó de manera descontrolada, hiriendo a quien encontró a su paso y dando una lastimoso espectáculo.

De acuerdo a Orison Swett Marden, aunque algunos crean que no pueden dominar su temperamento, ya que sus estallidos acontecen sin pensarlo, lo cierto es que siempre estamos en control.

"Todos podemos regular nuestra manera de pensar y nuestras emociones, de suerte que nuestro cuerpo no funcione nunca descompuestamente ni el cerebro actúe jamás a su antojo. Hay personas que nunca pierden la serenidad, aunque las provoquen violentamente. Personas en cuya presencia no se nos ocurriría perder los estribos; en su presencia siempre estamos en control. Pero en la intimidad del hogar, donde nadie nos reprime, o delante de un empleado, muchas veces solemos arrebatarnos a la más ligera provocación.

Esto demuestra que podemos dominarnos más de lo que suponemos. Infortunadamente, en la mente y en el corazón de muchas personas anidan rencores, celos, envidias, antipatías y prejuicios que, si bien no se manifiestan muy violentamente, van creciendo allí dentro hasta envenenar el alma".

Recuerda el postulado principal de la ley de la atracción: Atraerás hacia ti aquello que se asemeja a lo que ya se encuentra dentro de ti.

Imagínate cómo cambiaría nuestra conducta si tuviésemos cuidado con la manera como tratamos a los demás, con nuestros modales y hasta con el tono de voz que utilizamos al dirigirnos a ellos. Los modales son un lenguaje muy influyente en nuestra actitud y en la de cuantos nos rodean.

Muchas fricciones entre las personas provienen del tono de voz, porque la voz manifiesta nuestros sentimientos y actitud respecto de los demás. El tono áspero, que expresa contrariedad y una pobre disposición de ánimo, puede suavizarse. Si cuando la cólera nos enciende la sangre bajáramos el volumen de la voz, lograríamos apaciguar la exaltación.

Todos hemos visto cómo si a los niños contrariados o malcriados se les deja llorar a sus anchas, les sobreviene la rabieta con alaridos y pataleo. Y cuanto más gritan y lloran más violenta es la rabieta. Sin embargo, también hemos visto que cuando les ayudamos a tranquilizar su voz, se extingue el fuego de su actitud.

Sería mucho mayor la felicidad en el hogar si todos los individuos de una familia acordaran no gritarse nunca. Del tono de voz sarcástico, burlón, o resentido, deriva, en gran parte, no sólo la infelicidad en el hogar, sino también las pobres relaciones en la vida social y en los negocios.

Las personas quisquillosas que se molestan y se enojan por simples tonterías, denotan con ello que no son lo suficientemente nobles como para dominar la situación y mantenerse en equilibrio. Su actitud iracunda indica que poseen una actitud pesimista y negativa contra todo lo que les rodea y por ello son víctimas de la situación, en vez de dominarla.

No hay espectáculo más lastimoso que el de una persona cuya cólera deja al descubierto su verdadera manera de ser. Pierde la razón, el sentido común y el buen juicio. Sin embargo, una vez pasado el arrebato, siente que su dignidad, decoro y estima han naufragado en la tormenta.

Las disputas en muchos hogares provienen de la incapacidad de las personas para mantener el control de su actitud mental. Ante la menor tensión, suelen tratar bruscamente aun a sus mejores amigos y a quienes más aman, y dicen cosas de las que después se avergüenzan.

Muchas veces, ya sea pública o privadamente nos referimos a otras personas en términos poco constructivos, especialmente cuando ellas se encuentran ausentes. Nada más apropiado aquí que la sabia regla de oro: tratar a los demás como nosotros deseamos ser tratados.

Refirámonos a otras personas en los términos en que quisiéramos que ellos se refiriesen a nosotros. Cuando estés hablando de alguien, siempre pregúntate: ¿Cómo se sentiría esta persona si estuviera presente, escuchando lo que estoy diciendo de ella? ¿Se sentiría bien o mal? ¿Mejoraría su autoestima o empeoraría? Recuerda que todos nosotros estamos en capacidad de impactar positivamente las vidas de aquellos con quienes entramos en contacto. Y lo hacemos con nuestro aprecio o nuestra indiferencia, con nuestras alabanzas o nuestras críticas, con nuestra sonrisa o nuestro desdén.

Piensa antes de hablar. Considera las consecuencias de tus palabras. Recuerda que ellas son *causas*, y una vez pronunciadas deberás vivir con *el efecto* que hayan generado. Muchas personas pasan años enteros, o hasta toda una vida, cargando con crueles heridas del alma, causadas inconscientemente por algún amigo querido en momentos de cólera.

¡Cuán a menudo ofendemos a quienes con mayor ternura amamos y deberíamos ayudar, sólo porque estamos de mal humor y con los nervios irritados a causa de alguna contrariedad o disgusto!

En cierta ocasión, un niño estaba rabiosamente encolerizado y por casualidad pudo mirarse en el espejo. Tan avergonzado y entristecido quedó al verse, que contuvo el llanto inmediatamente. Si los adultos pudieran verse al espejo cuando están por perder el control, seguramente que no querrían volver a dar tan deplorable espectáculo. Todos podemos cambiar si nos lo proponemos, y muchas veces el vernos como nos ven los demás nos ayuda a realizar dicho cambio.

El mundo es un espejo que refleja nuestra personalidad

En alguna oportunidad una mujer dedicada a los negocios explicaba la interesante prueba por la que había pasado:

"Al salir cierta mañana para mi labor diaria, me propuse poner a prueba la fuerza del pensamiento positivo expresada en la ley de la atracción. Había escuchado sobre los efectos positivos de una actitud positiva, y quería probar si cambiando mi manera de pensar lograba influir en los demás. Era consciente de que durante largo tiempo había sido una persona áspera, cínica y pesimista.

Lo primero que hice fue imaginarme que era totalmente feliz. A medida que avanzaba por la calle, se fortaleció mi propósito y me imaginé siendo feliz, y a la gente tratándome bien. El resultado de estos pensamientos fue sorprendente. Me pareció como si me levantaran del suelo y anduviera por el aire con una postura más esbelta y un caminar más ligero. Sonreía de satisfacción, y si veía en el semblante de los demás reflejados la ansiedad, el descontento y el mal humor, mi corazón se volvía hacia ellos con deseo de infundirles el júbilo que invadía todo mi ser.

Al llegar a la oficina saludé a la primera persona que vi con una frase amable, algo que debido a mi timidez no se me hubiera ocurrido anteriormente. Este gesto nos puso a las dos en una actitud de cordialidad durante todo el día, pues ella sintió la influencia de mi saludo.

El director de la compañía en que yo estaba empleada era un hombre muy malhumorado en los negocios, y cuando me hacía alguna observación sobre mi trabajo, yo me molestaba y resentía, debido a mi sensibilidad; pero aquella mañana no quise quebrantar mi determinación y contesté muy cordialmente a las observaciones, con lo que él se apaciguó y estuvo de buen humor todo el día.

No consentí que se interpusiera la más leve nubecilla entre mi serenidad y los que me rodeaban. Hice lo mismo en la casa donde me hospedaba, y si hasta entonces me había sentido allí como extraña por falta de simpatía, encontré calurosa amistad y correspondencia".

Estoy convencido que las demás personas están dispuestas a venir a mitad de camino si nosotros nos tomamos la molestia de avanzar la otra mitad, hacia ellas. Pero somos nosotros quienes debemos dar el primer paso cambiando nuestra actitud y nuestra manera de ver la vida.

Para la persona negativa, nada es hermoso y radiante a su alrededor. Su mirada es siempre hosca y continuamente se queja del mal aspecto de los tiempos y de la escasez de dinero. Todo en ellas es pobre; nada es cordial, amplio y generoso. A otras personas les pasa precisamente lo contrario, siempre tratan a los demás con cariño y sólo hablan de temas que inspiren y motiven. Señalan siempre las virtudes de los demás y los tratan siempre con palabras alentadoras.

Si crees que las personas no te están tratando afectuosamente, resuelve ya mismo: "Quiero conservarme joven y saludable; y aunque las cosas no salgan a la medida de mis deseos, esparciré alegría en el camino de todos aquellos con quienes me encuentre". Entonces florecerá la dicha a tu alrededor, nunca te faltarán amigos y compañeros y, sobre todo, tu alma gozará de paz y tranquilidad.

11
Cómo atraer la riqueza mediante el pensamiento correcto

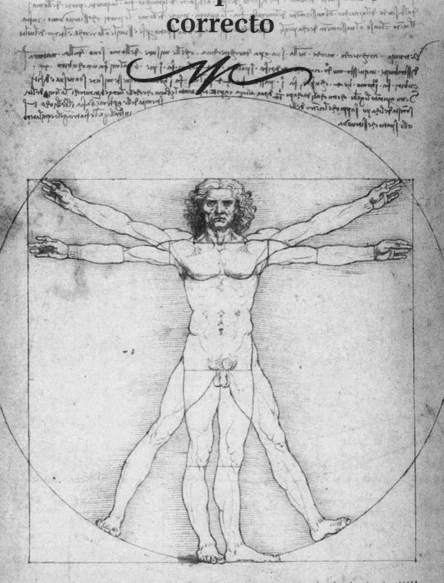

*"Pese a que aproximadamente un 80% de las
riquezas del mundo se encuentra en manos de un 20%
de las personas, si juntásemos todas esas riquezas y
las repartiésemos de manera igual entre cada uno de
los habitantes del planeta, en cinco años tales riquezas estarían en las manos del mismo 20% inicial".*
—J. Paul Getty

*L*a persona verdaderamente rica atrae hacía sí más riquezas con su manera de ser y actuar. No es rica porque tenga
dinero. Tiene dinero porque es rica por dentro. Hay quienes
saben extraer de su alrededor todo aquello que enriquece la
vida, mientras otras, inclusive en medio de las más propicias
condiciones de riqueza obtienen poca cosa.

Lo cierto es que desde el punto de vista económico, no
todas las personas han nacido en igualdad de condiciones.
Muchas nacen en medio de la pobreza, otras pocas nacen en
el seno de familias poseedoras de inmensas fortunas, mientras
que la inmensa mayoría nace en algún punto intermedio.

No obstante, hay dos aspectos comunes a todos. Primero,
a ninguno se le dio la oportunidad de escoger nacer pobre,
rico o promedio. Segundo, lo que todos nosotros sí estamos
en absoluta libertad de elegir es si deseamos vivir una vida de
pobreza, una vida de riqueza, o una vida promedio. Está en
nuestras manos escoger la clase de vida que deseamos vivir.

El nivel de riqueza o pobreza que experimentemos en
nuestra vida ha sido el resultado de nuestros propios pen-

samientos. Se ha originado en nuestra manera de pensar, se ha afianzado con nuestros hábitos y se ha solidificado con nuestras acciones. De principio a fin, hemos sido nosotros los creadores.

Sin embargo, muchas personas podrían argüir que la dificultad para lograr el éxito financiero en ciertos países o regiones del mundo, se encuentra en los enormes problemas que enfrentan dichas economías. Y aunque es verdad que la inflación, la devaluación de las monedas locales y las altas tasas de desempleo pueden producir grandes crisis, cabe anotar que bajo esas mismas circunstancias, millones de personas y empresas se las ingenian para crear grandes fortunas.

La riqueza financiera no es una cuestión del medio o la ubicación, porque si así fuera toda la gente de ciertas ciudades sería rica, mientras que aquellos de otros pueblos serían todos pobres, y todos los habitantes de un estado serían inmensamente ricos, mientras que los del estado del lado serían pobres. Pero, en todas partes vemos gente rica y pobre viviendo en las mismas ciudades, no muy lejos la una de la otra; compartiendo el mismo ambiente, e inclusive hasta con las mismas profesiones.

Cuando dos personas viven en el mismo ambiente y tienen la misma profesión, y uno se vuelve rico mientras que el otro permanece pobre, esto demuestra que hacerse rico no es una cuestión de ubicación. Obviamente, algunos ambientes pueden ser más propicios y favorables que otros para generar riqueza. Pero cuando encontramos dos personas en el mismo tipo de negocio y en el mismo vecindario, y uno se enriquece mientras que el otro fracasa, lo que esto indica es que alcanzar la riqueza es el resultado de hacer las cosas de cierta manera.

La verdadera diferencia no está en las circunstancias, sino en las personas. Muchos de los multimillonarios que he tenido la oportunidad de conocer, son personas comunes y corrientes que decidieron darle un vuelco total a su vida porque simplemente estaban cansadas de vivir endeudadas, de ganar apenas lo suficiente para sobrevivir y se rehusaron a continuar viviendo de cheque en cheque y de mes a mes, así que decidieron cambiar su manera de pensar y actuar.

La mejor prueba de que el éxito financiero es el resultado de una decisión personal y no de las circunstancias, la encontré en un par de publicaciones del mundo de las finanzas. La primera de ellas reportaba que a principios del 2006, en los Estados Unidos el número de millonarios existentes ascendía a más de 8.9 millones de personas. Sólo durante el año 2005 el número de nuevos millonarios había sido de 700 mil nuevas personas. Eso quiere decir que un nuevo millonario surgió cada 45 segundos en este país durante ese año.

Sin embargo, en otra publicación oficial, se reportaba que durante ese mismo año, casi 2.1 millones de personas se habían declarado en bancarrota. Esto quiere decir que por cada persona que se hizo millonaria durante el 2005, tres se declararon en quiebra, en el mismo país, con las mismas leyes, la misma economía y las mismas oportunidades. Lo que esto demuestra es que tanto el éxito como el fracaso financiero son el resultado de decisiones individuales y no de tendencias globales.

La ley de la atracción establece que mientras algunas personas desarrollan hábitos de éxito y poseen una mentalidad de abundancia que les permite crear y aprovechar oportunidades, otras han adquirido hábitos que las mantienen quebradas financieramente. Ellas poseen una mentalidad de pobreza y escasez, capaz de disipar la más grande de las fortunas. De hecho, se ha sabido de personas que heredaron enormes fortunas o se ganaron la lotería, sólo para encontrarse nuevamente en la pobreza, años más tarde.

La mentalidad millonaria: un camino directo hacia el éxito

J. Paul Getty, quien en su época llegó a ser el hombre más rico del mundo, estaba convencido de que para triunfar financieramente era necesario desarrollar lo que él llamaba una "mentalidad millonaria".

Getty aseveraba que existen cuatro tipos de personas:

Primero están aquellas que trabajan mejor cuando lo hacen por entero para sí mismas en su propia empresa. Después, las que, por diversas razones, no desean lanzarse a los negocios por su cuenta, pero buscan ocupar puestos prominentes en sus empresas, obtienen los mejores resultados y participan en los beneficios de las mismas. En la tercera categoría se encuentran quienes sólo aspiran a ser empleados asalariados, son reacios a correr riesgos y se conforman con la seguridad de un sueldo. Finalmente, hallamos aquellos que no están motivados por ninguna necesidad ni deseo de surgir y se conforman con lo que tienen.

De acuerdo con Getty hay una manera de pensar que ofrece a ciertas personas mejores opciones de triunfar que a otras y es la mentalidad que suele encontrarse entre las personas de la primera y segunda categoría, que muy rara vez se encuentra entre los individuos de la tercera categoría y es totalmente inexistente entre las personas de la cuarta.

Lo importante de entender es que todas tienen la opción de decidir en qué categoría desean encontrarse. Todos tenemos la opción de elegir cuál será nuestro destino, ya que éste siempre será moldeado por nuestra manera de pensar. Si de antemano no has programado tu mente con la firme decisión de vivir una vida de abundancia ¿cómo esperas atraer la riqueza?

Si programas tu mente con principios de éxito, ella se encargará de mostrarte el camino hacia la riqueza, te mantendrá alerta, agudizando todos tus sentidos para que logres captar con mayor facilidad toda información sensorial proveniente del medio ambiente que pueda estar relacionada con tu éxito.

Además, si utilizas afirmaciones positivas respecto al nivel de abundancia que deseas experimentar en tu vida; si te concentras en metas específicas sobre la calidad y estilo de vida que deseas experimentar, refiriéndote a ellas como si ya fuesen una realidad, estarás agudizando tu sensibilidad hacia oportunidades que de otra manera podrían pasar inadvertidas.

Todo comienza con una descripción clara y precisa de aquellas áreas de tu vida en las que deseas experimentar abundancia, siendo lo suficientemente específico en cuanto al nivel de riqueza que esperas crear en tu vida.

¿Cuánto dinero deseas ganar? ¿Quieres crear tu propia empresa? ¿Qué clase de empresa? ¿Cuándo? ¿Qué piensas dar a cambio? ¿Cómo va a beneficiar la creación de esta riqueza la relación con tu familia, con tus hijos o con las demás personas?

En otras palabras, la libertad económica no puede limitarse simplemente a decir "quiero tener mucho dinero"; tienes que crear una imagen mental clara de tu vida en un estado constante de abundancia. Piensa como pensaría una persona para quien la libertad financiera es ya una realidad. Camina como caminaría una persona que goza de abundancia en su vida. Comunícate con los demás como si ya poseyeras toda la riqueza que quieres crear en todas las áreas de tu vida.

Tu libertad financiera no puede ser simplemente una idea vaga en tu mente. Tampoco es suficiente pensar o decir: "mi estabilidad financiera es importante" o "quiero proveer lo mejor para mi familia". ¡No! Estas expresiones vagas no producen resultados. Recuerda que la única manera de magnetizar un pensamiento y activar tu formación reticular, como ya vimos, es utilizando ideas claras, creando imágenes específicas que te muestren disfrutando ya aquello que quieres atraer.

La fórmula para alcanzar la riqueza

"Al igual que el álgebra o la aritmética son ciencias exactas, también existen ciertas reglas para el proceso de adquirir riqueza, y una vez que esas reglas se aprenden y se siguen, la persona se hará rica con una precisión matemática".
—Wallace D. Wattles

Napoleón Hill afirmaba que: "Las fortunas gravitan hacia las personas cuyas mentes han sido preparadas para atraerlas con la misma seguridad con que el agua gravita hacia el océano. La pobreza es atraída hacia la persona cuya mente es favorable a ella, mientras que el dinero es atraído hacia la que se ha preparado deliberadamente para atraerlo".

Es indudable que el dinero y la riqueza vienen como resultado de hacer las cosas de cierta manera, y quienes así las hacen, triunfan, mientras que aquellos que no actúan de dicha manera –no importa qué tanto trabajen o qué tan capaces sean— permanecen pobres.

La ley de la causa y el efecto estipula que la riqueza es el efecto o resultado de ciertas causas. Por lo tanto, cualquier persona que aprenda a producir estas causas en su vida, triunfará. No depende del talento, ya que mucha gente con gran talento se mantiene pobre, mientras que otros que, aparentemente son menos talentosos, se hacen ricos. Tampoco es necesariamente el resultado de ahorrar, o ser frugal, ya que mucha gente frugal es pobre, mientras que otros que podrían ser catalogados de gastadores, con frecuencia se hacen ricos. Tanto intelectuales como gente con muy poca preparación o estudio se vuelven ricos. Gente muy fuerte físicamente logra el éxito financiero, al igual que personas débiles y enfermizas. También hemos visto que no es una cuestión de ubicación geográfica.

Por supuesto, se requiere estar dispuesto a aprender ciertas habilidades y desarrollar ciertos hábitos con disciplina y constancia. Pero por lo que respecta a las habilidades naturales, cualquiera que entienda estas líneas puede hacerse rico. Si alguien más en tu país alcanza la libertad económica, tú también puedes alcanzarla. No es cuestión de escoger un negocio o profesión en particular. La gente se puede enriquecer en cualquier actividad, mientras que el vecino de al lado se queda pobre.

Es indudable que te irá mejor en un negocio que te guste y con el cual sientas cierta afinidad. Si has tomado el tiempo para desarrollar ciertos talentos, te irá mucho mejor en un negocio que requiera de dichos talentos. Sin embargo, no olvides que todos tenemos la capacidad de desarrollar cualquier talento que nuestro negocio requiera. Lo único que necesitamos es un motivo para hacerlo y la disciplina para adquirirlo y desarrollarlo.

Si estás desarrollando un negocio, y sabes de alguien más que ha logrado amasar una gran fortuna en el mismo negocio, mientras que tú no logras salir de la pobreza, es simplemente porque no estás haciendo las cosas de la misma manera, o con el mismo nivel de compromiso que la otra persona. Muchas veces creemos que la falta de éxito en nuestro negocio es el resultado de no contar con el capital suficiente. Y si bien es cierto que mientras más capital tengamos más fácil y rápido será el crecimiento de nuestro negocio, también es cierto que la inmensa mayoría de los emprendedores que lograron crear grandes fortunas empezaron sin ningún capital.

No importa qué tan pobre seas, si empiezas a hacer las cosas que sabes que tienes que hacer, de la manera apropiada, empezarás a adquirir riqueza y a tener capital. Obtener capital es parte del proceso de hacerse rico y del resultado que invariablemente se obtiene al hacer las cosas de la manera correcta.

Puedes ser la persona más pobre del continente –financieramente hablando— y estar sumido en deudas. Es posible que no tengas amigos, influencias o recursos, pero si empiezas a hacer las cosas de la manera como se explica aquí, empezarás a adquirir fortuna, ya que las mismas causas que trajeron riqueza a otros producirán los mismos efectos para ti.

Si no tienes capital, puedes conseguirlo. Si estás en el negocio o profesión equivocados, puedes cambiar. Si crees que estás en el sitio equivocado, busca la ubicación correcta.

Pero no creas que debes esperar hasta que realices dicho cambio para empezar a triunfar. Puedes empezar a lograr tu éxito en tu ubicación y negocio actuales, haciendo aquellas cosas que traen como resultado el éxito financiero y la creación de riqueza.

Todo comienza cambiando tus pensamientos.

En ocasiones me preguntan si en verdad es posible hacerse rico cambiando nuestra manera de pensar. No sólo es posible, sino que el pensamiento es lo único que puede producir riquezas y bienes tangibles a partir de lo intangible.

De hecho, todo lo que vemos en el mundo que nos rodea es la expresión visible de una idea que se ha formado en el pensamiento. Todos somos producto de nuestros pensamientos. Si bien es cierto que el pensamiento de la riqueza no genera su formación instantánea, es indudable que el pensamiento empieza a desencadenar las acciones que la producirán. Por ejemplo, una persona que lea este libro y logre la riqueza financiera como resultado de aplicar los principios aquí expuestos, es una evidencia a favor de lo que afirmo.

La clave, obviamente, está en actuar. Nada sucederá a menos que hagamos algo. Sin embargo, la manera como una persona hace las cosas es el resultado directo de la forma como piensa acerca de ellas. En la medida en que comencemos a actuar guiados por los pensamientos de lo que deseamos lograr, comenzaremos a notar que aquello en lo que nos enfocamos tiende a expandirse. Es así como los pensamientos de abundancia terminan por atraer abundancia.

Sin embargo, la tendencia del ser humano es enfocarse en lo que no quiere. Por alguna razón se nos ha metido en la cabeza que si queremos eliminar algo –la pobreza, por ejemplo— debemos enfocarnos en ella; sus orígenes, consecuencias, resultados, causas y estragos, al punto que llegamos a convertirnos en expertos en la pobreza; y entre más la estudiamos y más nos enfocamos en ella, más la vemos a nuestro alrededor. Si quieres vivir una vida de riqueza, no estudies ni pienses en la pobreza.

Debemos aferrarnos a la verdad de que no hay pobreza, sino sólo abundancia. No podemos desterrar la pobreza enfocándonos en ella, ya que esto sólo traerá más pobreza.

Entiendo que hacer esto no es fácil. Si estamos enfermos lo más fácil de hacer es pensar en nuestra enfermedad, y no en la salud óptima que deseamos. Pensar en la salud en medio de la enfermedad, o pensar en la riqueza en medio de la pobreza, requiere destreza. Sin embargo, quien lo logra y desarrolla una mente disciplinada, conquistará su destino y obtendrá lo que desea. Como lo dijera Goethe: "Pensar es fácil; actuar es un poco más difícil, pero actuar de acuerdo con nuestros pensamientos más virtuosos es lo más difícil de todo".

¿Cuánto dinero deseas ganar?

Una de las preguntas que escucho con mayor frecuencia cuando comparto los postulados de la ley de la atracción es: "Doctor Cruz, ¿me está usted diciendo que yo puedo atraer con mi manera de pensar los ingresos que desee?" A estas personas les contesto siempre: ¡Sí, eso es absolutamente cierto!

De hecho, sin conocer tus circunstancias personales, tu profesión, país de residencia o situación financiera actual, puedo afirmar, sin temor a equivocarme, que tus ingresos presentes son el resultado de tus pensamientos dominantes y las creencias en las que has enfocado tu mente hasta el momento.

Todos estamos recibiendo los ingresos que nos queremos ganar. Quizás no es lo que quisiéramos, lo que esperábamos ganar, o lo que habíamos planeado ganarnos, pero es lo que creemos que merecemos.

Antes de apresurarte a cerrar el libro en total desaprobación, quiero que leas los siguientes párrafos, porque estoy convencido que al final de ellos, habrás llegado a la misma conclusión: la elección sobre nuestros ingresos no es del mercado o de la economía reinante, ni de nuestro empleador o nuestro jefe inmediato. Es nuestra. Todos tenemos la posibilidad de determinar nuestros ingresos; tanto empresarios, como vendedores que trabajan con base en comisiones, o empleados que determinan los ingresos que desean generar al ejercitar su libertad de decidir cómo y en qué invierten su tiempo.

Lo triste es que ante esta gran elección que todos tenemos, muchas personas optan por devengar entradas que no les permite tener el estilo de vida del cual quisieran gozar.

En mi libro: *Secretos del vendedor más rico del mundo*, comento como en alguna oportunidad decidí hacerle la siguiente pregunta a un grupo de profesionales y empresarios independientes que asistían a uno de mis seminarios: "¿Cuántos de ustedes creen que les están pagando lo que valen?" Ninguno de ellos levantó la mano ni respondió de manera afirmativa. De hecho, después de escuchar sus comentarios pude percibir dos cosas: Primero, que todos sentían que no recibían lo que creían merecer, y segundo, que aún así, la mayoría de ellos no estaba haciendo nada al respecto. De hecho, muchos de ellos no pensaban que hubiera nada que pudieran hacer y se habían resignado a su suerte.

Es sencillo; los ingresos o el salario que cada persona devenga van en proporción directa al valor que su trabajo agrega a la economía. Ésta es la que determina cuál es la retribución apropiada por nuestros servicios, experiencia y conocimiento, y establece que ciertas personas, de acuerdo con su trabajo, ganen cinco dólares por hora y otras ganen un millón de dólares al año.

Si estableciéramos una escala de ingresos entre estas dos cantidades –cinco dólares por hora y un millón de dólares al año— descubriríamos que la gran mayoría de nosotros nos encontramos en algún punto intermedio. Dónde nos encontremos es algo sobre lo cual cada uno tiene más control del que cree tener. Tanto la persona que gana cinco dólares la hora como la que gana quinientos dólares la hora, se encuentran justo donde desean encontrarse.

A pesar de que es el mercado el que establece esta escala de salarios, somos nosotros los que decidimos dónde queremos encontrarnos en dicha escala. Todos nosotros, consciente o inconscientemente, no sólo nos encargamos de poner un precio, un valor, a nuestro trabajo –llámalo salario, sueldo o comisiones—, sino que nos encargamos de comunicarle al mercado dichas expectativas, y al hacerlo, estamos comunicándole que ese es el valor que deseamos atraer.

¿Cuánto vale tu trabajo? ¿200... 500... 10.000 dólares semanales?

Ya sea que lo sepas o no, cada uno de nosotros lleva una etiqueta de precio invisible. La persona que gana doscientos dólares semanales se ve a sí misma devengando esa cantidad y no se ve ganando más de esa cifra.

Ella puede querer ganar más, pero su visión interna acerca de sí misma es la de alguien que sólo gana doscientos dólares semanales. Su autoestima, creencias, valores y pensamientos dominantes son los de una persona que espera ganarse esa cantidad. Lo mismo ocurre con aquella que gana diez mil dólares semanales. Ella ha determinado que esa es la cantidad que desea ganar. Se ha preparado para lograrlo. Se ha visualizado recibiendo esa cifra. Espera obtenerla, y por lo tanto, su etiqueta invisible tiene ese precio.

Hace poco le pregunté a un joven que trabaja en una farmacia cuánto ganaba. Con aire de pesadumbre y resignación me respondió: "ocho dólares por hora". Le pregunté si eso era lo que él quería ganar.

- "¿Te alcanza para vivir como verdaderamente deseas vivir?"

- "¡No!" Fue su respuesta. "A duras penas me da para sobrevivir"

- "Entonces, ¿por qué te has resignado a aceptar ese pago por tus servicios? ¿Qué haces realizando una actividad que no te retribuye de la manera que lo deseas?"

Muchas personas argüirán que ellos no tienen ningún control sobre el precio que el mercado ha asignado como pago por una hora de su tiempo. Y mientras piensen de esa manera no pueden pretender atraer hacia ellas más de lo que ya reciben.

Así que tómate el tiempo necesario para determinar cuánto deseas ganar, basado en tus objetivos y metas, tus sueños y tu misión personal. Posteriormente, determina que actividades en tu trabajo o profesión te garantizarán dichas entradas y toma la decisión de concentrarte en ellas. Identifica también que actividades realizas actualmente en tu trabajo que no pagan dicha cantidad y que posiblemente te están robando tu tiempo y elimínalas de tu rutina diaria.

Por qué muchas personas repelen la riqueza

Lo que detiene a muchas personas de lograr la libertad financiera no es la falta de un plan de acción, ni de buenos consejos; tampoco es la falta de oportunidades, talento, inteligencia, o capital.

El factor que con mayor frecuencia detiene a las personas para experimentar el nivel de riqueza que desean es un círculo vicioso en el cual muchos caen, que les lleva a sabotear su propio éxito financiero. Y este círculo vicioso comienza con la idea de que la acumulación de riqueza y el éxito financiero les producirán más dolor que placer.

Ya se que esto puede sonar absurdo, pero muchas personas sólo asocian cosas negativas con el tener mucho dinero. Para ellas, el término "mucho dinero" en sí mismo, tiene una connotación negativa. En su mente han grabado una gran cantidad de ideas negativas asociadas con la riqueza. Piensan que para alcanzar el éxito financiero van a tener que sacrificar tanto que no van a poder ni siquiera disfrutarlo, o que el dinero los volverá materialistas, y terminarán siendo esclavos de su riqueza. Algunos inclusive llegan a pensar que si quieren ganar más dinero no van a poder compartir con su familia. Hay quienes simplemente no se creen dignos de tener mucho dinero; piensan que está mal, o que es inmoral ser rico.

Ahora bien, si desde pequeño has escuchado en tu casa o en tu círculo de influencia que no hay que preocuparse tanto por ahorrar, que hay que disfrutar el hoy, que el que guarda riquezas guarda tristezas, no te sorprenda que hoy seas incapaz de ahorrar un centavo, vivas lleno de deudas y no puedas explicarte el porqué. Es increíble la cantidad de ideas erradas que tenemos sobre el dinero y que guardamos en nuestro subconsciente. Recuerdo una persona que me dijo en una presentación, "No tendré mucho dinero, pero lo poco que tengo lo he conseguido con honradez".

¿Cómo vamos a poder triunfar financieramente si de antemano hemos programado en nuestra mente que tener dinero y ser honrado se encuentran en polos opuestos? No es nada extraño que esta persona no tenga mucho dinero, ya que cada vez que comienza a mejorar su situación financiera, escucha aquella voz que le dice desde su subconsciente: "Mucho cuidado, estás comenzando a acumular demasiado dinero, no sea que vayas a sacrificar tu honradez a causa de la riqueza". Imagínate que puedes atraer a tu vida con esa manera de pensar.

¿Qué puedes hacer para liberar tu mente de estas ataduras que han limitado tu potencial, de manera que puedas desarrollar la mentalidad de abundancia que te permitirá alcanzar la libertad financiera que tanto deseas? A continuación quiero compartir contigo una estrategia que te ayudará a lograr esto.

Lo primero que quiero pedirte es que busques papel y lápiz y escribas todo lo que se te venga a la mente cuando piensas en la idea de tener mucho dinero. Escribe todas las palabras o expresiones que se te ocurran, que estén asociadas con esta idea. No pienses demasiado en cómo escribirlas. Simplemente deja que broten de tu mente. ¿Qué significa para ti la riqueza? ¿Qué representaría en tu vida hoy? ¿Qué asocias en este momento de tu vida con la idea de tener mucho dinero?

Quiero compartir contigo algunas reflexiones que han salido a flote en otras ocasiones en que he realizado este ejercicio:

- Libertad
- Más tiempo con la familia
- No más deudas
- Viajar
- Ayudar a mi familia

- Más responsabilidades

- Mejor estilo de vida

- Menos estrés

- Éxito

- Más diversión

- Seguridad e independencia

Éstas son algunas de las reflexiones que otras personas asocian con la idea de tener mucho dinero. Examina tu lista y considera si lo que has escrito es positivo o negativo. Si son ideas negativas, pregúntate por qué se encuentran en tu lista. ¿Dónde las aprendiste? Piensa si estas razones son reales o no. Ésta es una manera de erradicar conscientemente conceptos errados que puedan encontrarse en tu mente.

En la segunda parte de este ejercicio quiero que examines que otras ideas existen en tu subconsciente que puedan estar influyendo sobre tus decisiones y tu vida financiera; ideas que puedan estar aún más arraigadas en las profundidades de tu mente que las anteriores, y que, sin que lo sepas, pueden estar ejerciendo un mayor control sobre la actitud que tienes acerca de la riqueza.

Como mencioné anteriormente, muchas de estas ideas las adquirimos durante nuestros años de formación escolar, en la niñez o la adolescencia.

Así que ahora quiero pedirte que escribas todo lo que recuerdes haber escuchado durante tu niñez acerca del dinero; acerca de la idea de tener mucho dinero. ¿Qué aprendiste en tu juventud acerca del dinero? ¿Qué escuchabas comúnmente de tus padres, familiares o de otras personas? ¿Cuáles eran algunas de las frases y dichos que oías en tu casa o en tu escuela en relación con el dinero? ¿Cuáles solían ser algunas de las preocupaciones más comunes asociadas con el dinero? ¿Cuáles eran las creencias religiosas que predominaban en tu familia respecto al dinero?

Nuevamente, quiero compartir contigo algunas ideas que otras personas recuerdan haber escuchado desde pequeños:

- El dinero corrompe.

- En esta vida todo es dinero.

- Nunca hay suficiente dinero.

- No podemos darnos el lujo de gastar demasiado dinero.

- ¿Usted cree que el dinero crece en los árboles?

- Entre más tiene uno, más esclavo es de lo que tiene.

- Pobres, pero honrados.

- El dinero no lo es todo en la vida.

- Los ricos son infelices.

- Los que más tienen nunca están contentos con lo que tienen.

- "Es más fácil que pase un camello por el ojo de una aguja..."

Como puedes observar, de un lado, muchos de nosotros asociamos el tener dinero con imágenes positivas en su mayoría, y pensamos que nos aportará libertad, seguridad e independencia. Pero de otro lado, casi todo lo que aprendimos en nuestra niñez acerca del dinero es negativo. Creemos que si acumulamos riquezas seremos infelices, que nadie nos querrá y, peor aún, que seguramente iremos al infierno.

En la tercera parte de este ejercicio, quiero que empecemos por cambiar estas ideas y creencias absurdas acerca del dinero, la riqueza y la abundancia, y reprogramemos nuestra mente con las creencias correctas.

Para ello quiero que a continuación hagas una lista de todos los beneficios que obtendrás, de todo aquello que podrás lograr, de todas las maneras en que tu vida mejorará, si tuvieses mucho dinero y gozaras de la libertad financiera que seguramente anhelas.

Cuando yo realicé este ejercicio algunas de las cosas que pude identificar fueron las siguientes.

Alcanzar la libertad financiera me permitirá:

- Emplear más tiempo para estar con mi esposa y mis hijos.
- Ayudar a otras personas que necesitan mi apoyo económico.
- Contar con la oportunidad de viajar más en plan de vacaciones en compañía de mi familia.
- Ser más generoso con causas en las cuales creo.
- Tener un mayor control sobre mi tiempo.
- Tener un mejor estilo de vida.

El enfocarme en estos resultados me ayudó a moverme en dirección a mi libertad financiera; me permitió tener una gran actitud con respecto a los hábitos que debía desarrollar y las decisiones que necesitaba tomar. También me ayudó a focalizar mi pensamiento en los resultados que quería ver en mi vida y no en creencias erradas que me estaban deteniendo. Entonces, el primer gran paso en tu camino hacia el logro de la libertad financiera consiste en establecer una nueva relación con la idea de tener abundancia de riqueza en tu vida.

Una vez que hayas realizado este ejercicio, habrás comenzado a redefinir y reprogramar a nivel subconsciente tus ideas, creencias y valores con respecto al dinero. Y este es uno de los pasos más importantes en tu camino hacia el logro del éxito financiero. Recuerda que lo que impide que una gran mayoría de las personas triunfen financieramente no es la falta de oportunidades, sino la falta de desarrollar a nivel de nuestra mente subconsciente las creencias y valores que nos permitan atraer hacia nosotros la vida de abundancia que deseamos experimentar.

12

La ley de atracción
y la acción decidida

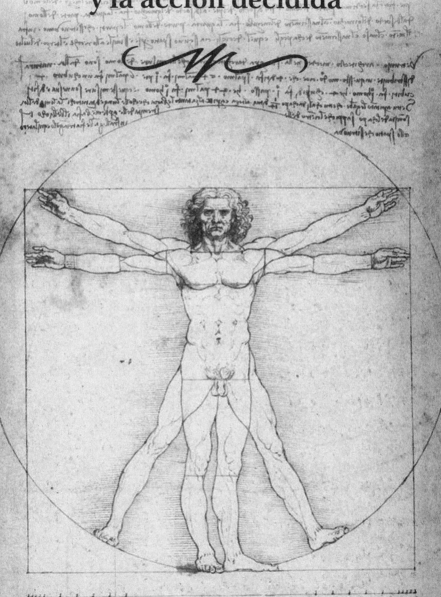

"Para que cualquier cosa suceda,
primero hay que hacer algo".
—Albert Einstein

Nuestra manera de pensar y nuestros pensamientos son la fuerza que hace que el poder creativo actúe. Pensar de la manera correcta te traerá riquezas, pero no debes confiar en el pensamiento solamente, sin prestar atención al comportamiento. Ese es el muro contra el cual chocan muchos pensadores y filósofos –la incapacidad para conectar el pensamiento con la acción—.

Aún no hemos alcanzado el nivel, suponiendo que sea posible, en el cual la persona pueda crear directamente la realidad que desea sin tener que actuar. Una persona no puede limitarse a pensar, sus acciones personales deben complementar su pensamiento.

Tu manera de pensar te puede mostrar cómo extraer y utilizar el oro que se encuentra enterrado en las montañas. Sin embargo, tu poder mental no logrará que se extraiga solo, se refine, se acuñe en monedas y ruede hacia tu bolsillo.

El uso perfecto del pensamiento consiste en formar una imagen clara y detallada de lo que quieres, en abrazar tu propósito de obtenerlo, y en agradecer con fe que lo estás consiguiendo.

No trates de "proyectar" tu pensamiento de ninguna manera oculta o misteriosa, con la idea de que vaya a hacer cosas por ti sin que se requiera un esfuerzo personal. Ese es un esfuerzo desperdiciado y debilitará tu poder de pensar bien.

Tu trabajo no puede limitarse a supervisar el proceso creativo. Tienes que mantener tu visión, apegarte a tu propósito, mantener tu fe y gratitud y luego, actuar de manera consistente con tus planes. Cuando las cosas te lleguen, es porque has dado todos los pasos necesarios para facilitar el trabajo de la ley de la atracción en tu vida.

El albergar pensamientos de riqueza no hará que por arte de magia tu cartera se transforme en una fuente infinita de dinero, sin esfuerzo de tu parte. Este es un punto crucial en el camino a la riqueza. Es aquí donde el pensamiento y la acción personal se unen. Hay mucha gente que consciente o inconscientemente, pone a actuar sus poderes creativos mediante la fuerza y la persistencia de sus deseos, pero permanecen pobres porque no actúan decididamente para lograr que sus ideas se materialicen.

Cualquiera que sea la acción que debas realizar para empezar a moverte hacia la realización de tus metas, es evidente que debes actuar de inmediato.

No puedes actuar en el pasado, y es esencial para la claridad de tu visión que evites vivir en el pasado. Tampoco puedes actuar en el futuro, porque el futuro no está aún aquí. Y no puedes saber como vas a actuar frente a una eventualidad hasta que ésta llegue.

El que no te encuentres en el momento o circunstancia óptima ahora, no quiere decir que debas posponer la acción hasta que tales circunstancias se den. No malgastes tu presente pensando en cómo reaccionarás ante futuros eventos; ten fe en tu habilidad de manejar cualquier emergencia cuando ésta llegue.

Si actúas en el presente con tu mente en el futuro, tu acción actual será el producto de una mente dividida, y no será efectiva. Planea para el futuro, pero pon toda tu mente en la acción presente.

Wallace D. Wattles nos advierte de no instruir nuestro subconsciente con lo que deseamos lograr, y cruzarnos de brazos a esperar resultados. Si te sientas a esperar que las cosas sucedan como por arte de magia, nunca las obtendrás.

"Actúa ahora. No hay ni habrá otro tiempo más que el ahora. Si has decidido empezar a trabajar para recibir lo que quieres, no hay mejor momento que empezar ahora.

Empieza donde estás hoy, en tus circunstancias presentes. Empieza con quien eres en este momento. No puedes empezar desde donde no estás, ni desde donde has estado, ni puedes actuar donde vas a estar. Sólo puedes actuar empezando donde estás.

No te preocupes de si el trabajo de ayer estuvo bien o mal hecho, haz bien el de hoy. No trates de hacer el trabajo de mañana hoy, ya habrá suficiente tiempo para hacerlo en su momento. No esperes un cambio en tu entorno o en tus circunstancias personales antes de actuar; propicia el cambio en tu medio con tus acciones, y así propiciarás un mejor entorno.

Abraza con fe y propósito la visión de ti mismo en un mejor ambiente, pero actúa en tu ambiente actual con todo tu corazón, con toda tu fuerza, y con toda tu mente. No desperdicies tu tiempo fantaseando; piensa en la visión de lo que quieres y actúa ya mismo.

No busques algo totalmente nuevo que hacer, o algo inusual, como tu primer paso en el camino para lograr la riqueza. Es muy probable que tus acciones, al menos por un tiempo, sean las mismas que has venido realizando hasta ahora. Si te encuentras en un negocio o profesión, y sientes que no es lo tuyo, o si tu negocio no está en el nivel que deseas, no esperes a estar en el negocio o nivel correcto para empezar a actuar. No esperes a cambiar de profesión o trabajo antes de comenzar a pensar y actuar de una manera consistente con los principios de la ley de atracción que has aprendido. ¡Actúa!

No te desanimes ni te sientes a lamentarte porque crees que no estás haciendo lo que quieres. Visualízate en el negocio correcto, o visualiza tu negocio en el nivel que deseas verlo, con el propósito de desempeñarte pronto en él y la fe de que vas a estar allí, pero actúa ya, en el presente. Tu visión del negocio correcto, mantenida con fe y propósito, hará que el negocio correcto se mueva hacia ti. Y tu acción, si es ejecutada de la manera correcta, hará que tú te dirijas hacia el negocio correcto.

Si eres un empleado o un obrero y sientes que debes cambiar de lugar para obtener lo que quieres, no proyectes tu pensamiento en el espacio esperando que te consiga un mejor trabajo. Probablemente fracases en hacerlo.

Mantén en tu mente la visión de lo que deseas hacer y actúa con fe y propósito en el trabajo que tienes, mientras piensas en el trabajo o negocio ideal y actúas para hacer que se convierta en realidad.

Tu visión y tu fe moverán las fuerzas creativas hacia ti, y tus acciones harán que las fuerzas a tu alrededor te dirijan hacia el negocio que quieres".

Cómo hacer del éxito un reflejo automático

¿Te imaginas si pudieras hacer del éxito un reflejo automático? La buena noticia es que la ley de la atracción te permite hacer exactamente eso. La pregunta no es si puedes hacerlo, sino cómo lograrlo. ¿Cómo puedes asegurarte que comienzas a actuar ya mismo, permitiendo que todo aquello que quieres atraer guíe tus acciones?

Empecemos por entender que la persona promedio toma un gran número de decisiones cada día. Muchas de ellas son simples e intrascendentes, pero otras tienen el poder de determinar la clase de vida que vivirá, las metas que alcanzará y que tan lejos llegará en el juego de la vida. No obstante, todas las decisiones –tanto grandes como pequeñas— involucran nuestra mente consciente y subconsciente. Así que es importante aprender cómo lograr que estas dos partes de la mente trabajen en armonía, en el logro de nuestro éxito personal.

La mente consciente, que constituye entre 5 y 10% del total de nuestra mente, es conocida como la mente lógica, racional o pensante. La mente consciente hace el papel de juez en el funcionamiento del cerebro; evalúa la importancia de la información que llega del mundo exterior, la acepta o rechaza y se encarga de razonar, formar juicios y tomar decisiones. Ella es la que programa, mientras que el subconsciente, que compone el otro 90 a 95% del total de nuestra mente, es el disco duro o centro de la memoria y por ende, es la mente programable. Su tarea es grabar, guardar, archivar y recordar la información que llega al cerebro a través de los sentidos.

Ella también está encargada de controlar una gran mayoría de los procesos automáticos del organismo, como el crecimiento, los latidos del corazón y el sistema digestivo. Como es de esperar, el subconsciente nunca duerme, ya que él es el encargado de controlar la respiración, la circulación y toda una serie de funciones que no pueden detenerse simplemente porque estés durmiendo.

El diálogo entre estas dos partes de la mente es constante, e influye en todas nuestras decisiones, grandes o pequeñas, vitales o intrascendentes. Si alguna vez te has encontrado leyendo el menú en un restaurante de comida rápida, tratando de decidir qué ordenar, puedes estar seguro que este diálogo mental ha ocurrido, así tu decisión final parezca haber sucedido de manera instantánea.

¿Qué sucede a nivel mental durante estos momentos en los que quieres decidir qué ordenar para el almuerzo?

Vamos a suponer que la decisión está entre comerte un pastel de pollo o una ensalada. Tu mente consciente comienza a elaborar un juicio sobre las diferentes opciones basándose en la información que ya se encuentra almacenada en el subconsciente.

Literalmente, tu mente consciente comienza a buscar en los archivos de tu subconsciente toda la información relacionada con el pastel de pollo. Parte de esta información la podrá acceder casi instantáneamente –imágenes, sabores, aromas y demás características—. También encontrará información sobre que tanto te gusta, cuando fue la última vez que lo comiste, si es una de las especialidades de ese restaurante, o si es la mejor elección de acuerdo al régimen alimenticio que estés llevando. Posteriormente hará lo mismo con la ensalada, y basado en esta información instruirá al conciente sobre qué ordenar. Lo interesante es que muchas veces, es posible escuchar este diálogo interno mientras ocurre.

Así, cada vez que tu mente consciente actúa lo hace consultando la información que se encuentra guardada en tu subconsciente. Sin embargo, hay momentos en que el subconsciente nos hace actuar, ignorando los juicios analíticos de la mente consciente. Por ejemplo, si estás cruzando la calle y de repente escuchas el motor de un camión acercándose, inmediatamente das un salto hacia atrás y te quitas del camino. Qué hacer no requiere un largo proceso de razonamiento. Tú no comienzas a pensar: "ese ruido suena como un camión", "¿son peligrosos los camiones?, "¿debería moverme?". ¡No! Tú actúas inmediatamente. Es un reflejo automático.

Ahora bien, lo cierto es que aún en este caso, tu mente consciente ha estado involucrada, ya que a través de ella es que grabaste de antemano en tu subconsciente el peligro potencial de tal situación. A través de ella has percibido los sonidos o imágenes que te confirman la presencia del camión y has establecido dicha conexión.

Sin embargo, el hecho de que esto haya ocurrido instantáneamente, depende en gran medida de dos cosas: Que hayas programado la información pertinente de antemano, y cómo hayas programado o archivado la información. Un niño, quien no sabe de ese peligro puede ponerse en grave peligro, sin quererlo, debido a su ignorancia. Así que el primer paso debe ser asegurarnos que todo aquello que necesitamos para triunfar se encuentre en nuestra mente; que hayamos tomado el tiempo para programar nuestro subconsciente con la información correcta.

Un segundo punto tiene que ver con nuestra habilidad para tener acceso a la información que se encuentra grabada en nuestro subconsciente. Varios estudios han demostrado que generalmente no logramos llegar a toda esta información con la misma rapidez. Mientras ciertos datos nos llegan instantáneamente, otros parecen estar fuera de nuestro alcance. Esto puede ser contraproducente, particularmente si se trata de información trascendental para tu éxito.

Para entender el porqué, quiero que visualices tu mente subconsciente como un círculo partido en dos mitades. La parte izquierda del círculo la llamaremos *memoria de uso casual*. La mitad de la derecha la llamaremos *memoria de acceso rápido*, donde, por supuesto, se encuentra la información a la que quieres acceder rápidamente.

Ahora quiero que realicemos un ejercicio que nos ayudará a determinar en cuál de estas dos mitades se encuentra cierta información. Quiero que leas las siguientes preguntas y las respondas tan rápido como puedas:

• ¿Cuál es el nombre de tu pareja? Si no tienes, ¿cuál es el nombre de tu madre?

• ¿Cuál es tu número telefónico?

• ¿Qué comiste hace tres meses al almuerzo?

Es posible que no hayas tenido problemas con las dos primeras preguntas, pero ¿qué sucedió con la tercera?

Si te parece que esta pregunta no ha sido justa ya que tres meses son demasiado tiempo, entonces trata de recordar qué cenaste hace uno o dos meses, o hace una semana, o hace cuatro días. ¿Continúas sin poder recordarlo? No te preocupes, lo cierto es que, a menos que, coincidencialmente, ese día haya sido un día especial para ti, lo más probable es que no lo recuerdes.

¿Qué hace que podamos recordar cierta información rápidamente y otra no? Por más que queramos recordarla y nos concentremos, parece que no podemos dar con ella; es como si se hubiera borrado de nuestra memoria.

A pesar de que el paso del tiempo dificulta recordar cierta información, lo que determina que encuentres la información que buscas, rápidamente, tiene más que ver con dónde se encuentra almacenada dicha información que con el factor tiempo. ¿Está en la parte del subconsciente reservada para la información de uso casual o en la memoria de acceso rápido?

Las respuestas a las dos primeras preguntas se encuentran en tu memoria de acceso rápido y esto ha facilitado encontrar las respuestas inmediatamente. Sin embargo, la información sobre tu cena seguramente se encuentra en la más lenta, y menos accesible, memoria de uso casual.

La ventaja de contar con este sistema interno es que, indudablemente, todos queremos tener acceso a cierta información importante de manera rápida. Aunque no necesitamos recordar todo dato o estímulo que llega a nuestra mente, hay cierta información que, por su importancia para nuestra vida, si deseamos recordar con facilidad.

Lo curioso es que mucha de esta información parece evadirnos, especialmente cuando más la necesitamos. Por ejemplo, sería fantástico poder tener en nuestra memoria de acceso rápido todo aquello que tenga que ver con nuestro éxito, nuestras metas y objetivos a largo plazo y en general, con todo aquello que queremos atraer a nuestra vida. De la misma manera, sería maravilloso poder guardar allí los valores y principios que queremos que guíen nuestra vida y las habilidades y hábitos que sabemos que nos ayudarán a triunfar, ¿no te parece?

Es indudable que nuestra vida sería totalmente distinta si tuviésemos, en todo momento, esta información al alcance de la mano. Nuestras decisiones y acciones diarias seguramente serían muy diferentes si pudiésemos recordar toda esta información con la misma facilidad con que recordamos nuestro número telefónico.

¿Cómo lograr que esta información vital para nuestro éxito vaya a parar a nuestra memoria de acceso rápido? Para lograrlo, debemos saber qué factores determinan dónde será archivada la información que llega a la mente.

El primer factor que determina que cierta información sea almacenada en la memoria de acceso rápido es la *percepción de importancia*. Todo dato, nombre, propósito, meta, principio o evento que percibes como importante y vital para ti –información a la cual quieres tener acceso inmediato cuando la necesites— es guardado en la memoria de acceso rápido.

El segundo factor es *la repetición constante*. Tú recuerdas con facilidad aquellos datos que utilizas con cierta frecuencia, como tu número telefónico, ciertos nombres y otra información. Así que la repetición constante también juega un papel determinante para que cierta información sea archivada en la memoria de acceso rápido.

La presencia de cualquiera de estos dos aspectos, percepción de importancia o repetición constante, asegurará que dicha información sea guardada en nuestra memoria de acceso rápido.

Si deseas que cierta información, creencia, hábito o meta vaya a tu memoria de acceso rápido, donde puedas recordarla o tenerla presente de manera constante, necesitas asegurarte que tu mente la perciba como algo importante para tu vida, y debes repetirla constantemente. Es por eso que estos dos factores son parte de lo que hace que funcione la ley de la atracción.

La verdad es que lo que cenaste hace tres meses también se encuentra en tu mente subconsciente. No obstante, ésta información está en la zona reservada para la información de uso casual, ya que es muy posible que no haya tenido mayor relevancia. Además, sólo ocurrió una vez y, a menos que haya sido un evento especial, esta cena no pasó de ser uno más de los cientos de sucesos que ocurrieron durante un día común y corriente en tu vida.

La información se encuentra allí, y algunos científicos aseguran que bajo hipnosis, no sólo podrías recordar lo qué comiste, sino quién estaba contigo y otros detalles que en aquel momento pasaron inadvertidos.

Ahora, la pregunta realmente importante es ésta: ¿Dónde debería encontrarse toda la información que necesitas para triunfar? ¿Dónde deben encontrarse tus sueños, metas y aspiraciones? ¿Dónde deben estar los hábitos y compromisos que te ayudarán a realizar los cambios que deseas ver en tu vida? ¿Dónde debe estar todo aquello que deseas atraer a tu vida? ¿En tu memoria de acceso rápido, que responde de manera casi automática, o en la memoria de uso casual?

La respuesta es obvia, en la memoria de acceso rápido.

Tú quieres que todo aquello que es importante para tu éxito lo puedas recordar instantáneamente. No deseas tener que pensar demasiado antes de recordar toda esta información. ¿Cómo puedes asegurarte que todo aquello que es verdaderamente importante para tu vida y que está íntimamente ligado con la realización de tus metas, vaya a la memoria de acceso rápido? Debes darle importancia, percibirlo como prioritario y repetirlo constantemente. Es así de simple.

Todas las actitudes, creencias y valores que hoy gobiernan tu vida, ya sean positivos o negativos, son aquellos a los que les has asignado gran importancia y buscas experimentar constantemente. Los hábitos que posees hoy, buenos o malos, son el resultado del proceso que acabo de describir.

Si el primero de enero, por ejemplo, como muchas otras personas, señalas entre tus propósitos para el nuevo año que este año vas a trabajar en mejorar tu salud y tu estado físico, inicialmente, esa afirmación como cualquier otro pensamiento que acaricies por vez primera, va a tu memoria de uso casual.

Si en los siguientes días no haces nada que dé muestra de que ésta ha sido una decisión que llevarás a la práctica; si no comienzas rápidamente a tomar acciones específicas para reafirmar tu compromiso de desarrollar una mejor salud; si dejas pasar los días sin llevar esta declaración inicial al siguiente nivel; seguramente tu mente no la percibirá como importante y prioritaria en tu vida. Tu mente la percibirá como una más de las muchas afirmaciones intrascendentes que has hecho a lo largo de tu vida y la dejará archivada en la memoria de uso casual.

Sin embargo, si al día siguiente te levantas temprano para ir al gimnasio, y comienzas a prestar más atención a lo que comes, tu mente comienza a percibir que esta decisión que tomaste es realmente importante para ti. Si continuas alimentando tu mente con afirmaciones positivas del nivel de salud óptima que deseas atraer a tu vida, y continúas mostrando ese interés por tu decisión de manera constante, muy pronto esta información irá a parar a la zona de acceso rápido y es allí donde empezará a convertirse en pensamiento dominante primero, luego en un hábito, y finalmente en un valor firme y sólido que continuará guiando tu vida en adelante.

Muy pronto, ejercitar tu cuerpo, comer bien y cuidar tu salud, ocurrirán en ti de manera casi automática. Tener esta información siempre presente en tu memoria de acceso rápido te permitirá estar más alerta a todas aquellas oportunidades que puedan ayudarte a materializar tus metas.

Ésta es la manera como pones la ley de la atracción en acción, y logras hacer del éxito un reflejo automático. Tu objetivo debe ser programar tu subconsciente con la información que te permita responder acertadamente en toda situación.

Para lograr que esto suceda, deberás atravesar varias etapas durante las cuales estarás interiorizando las ideas y aprendiendo metódicamente aquellos hábitos que te permitirán convertirte en un triunfador. Este proceso ocurre siempre que aprendemos algo nuevo y deberá suceder con el aprendizaje de los hábitos de éxito que debes interiorizar en tu camino hacia el éxito.

Es muy probable que algunos de los conceptos que has encontrado a lo largo de este libro sean nuevos para ti. También es posible que algunos de los errores que has cometido en el pasado fueran el resultado de no saber nada acerca de estos conceptos, lo cual, aunque excusa dichas acciones, no cambia los resultados. En otras palabras, tú no sabías algo y no sabías que no lo sabías. No tenías la menor idea de que estabas haciendo algo mal. Es la excusa de quien acaba de cometer una infracción de transito y desesperadamente busca hacerle entender al oficial de la policía que es tu primera visita a la ciudad, o que desconocías dicha ley. A propósito, la ley es muy clara, su desconocimiento no es excusa para violarla, así ocurra de manera involuntaria. Lo mismo sucede en el juego de la vida.

Entonces, nuestra meta es desarrollar tal conocimiento de las leyes del éxito que éste también surja en nuestra vida de manera automática. Quizás la manera más fácil de entender las diferentes etapas de este proceso sea con un ejemplo.

Primera etapa: Inconscientemente incapaz
Un niño de seis meses es incapaz de atarse los cordones de los zapatos. Es más, él no sabe que existe tal cosa. No lo conoce, por tanto, no lo practica, no lo extraña, ni lo cree necesario. Podríamos decir que no sabe, pero no sabe que no sabe. Él es inconscientemente incapaz.

Segunda etapa: Conscientemente incapaz
El niño de dos o tres años observa a su padre amarrarse los zapatos. Ahora es consciente que existe esta actividad, pero aún es incapaz de realizarla por sí mismo. No obstante, ahora está consciente de su incapacidad. El no saber cómo hacerlo le produce frustración y hace que abandone su intento después de unos momentos. Aún no sabe cómo hacerlo, pero ahora sabe que no sabe. Él es consciente de su incapacidad.

Tercera etapa: Conscientemente capaz
Un niño de cinco o siete años de edad, después de observar a otras personas y de practicar cómo amarrarse los zapatos, logra hacerlo por sí mismo. Sin embargo, para lograrlo necesita concentrarse en lo que hace. Esto es evidente ya que trata de colocar su pie lo más cercano posible a su cara y fija su visión en la tarea, tratando de eliminar cualquier distracción. Él es ahora consciente de su nueva capacidad.

Cuarta etapa: Inconscientemente capaz

Los adultos no necesitan pensar o concentrarse cuando se amarran los zapatos. Lo hacen inconscientemente. Lo pueden hacer con los ojos cerrados o, inclusive, mientras mantienen una conversación. Esta acción se ha convertido en una acción automática en ellos. Finalmente, son inconscientemente capaces.

Estas cuatro etapas pueden convertir cualquier acción en un hábito y cualquier hábito en un condicionamiento inconsciente. Ésta es una gran noticia si el hábito en cuestión es un hábito de éxito. Pero funciona exactamente igual con un mal hábito, sin importar cuán autodestructivo sea.

Luis fuma, pero no sabe todos los males que están asociados con este hábito. Podríamos decir que Luis es inconscientemente incapaz.

En un seminario, Luis escucha una exposición sobre todos los peligros asociados con este mal hábito, y aunque sigue fumando, ahora ha desarrollado conciencia de su adicción. Es decir, ahora es conscientemente incapaz.

En la medida en que Luis desarrolla una mayor conciencia acerca de las posibles consecuencias de su mal hábito, comienza a dar pasos para dejar de fumar. En un principio esto requiere de una gran disciplina por su parte. El poder adictivo de su hábito le presentará retos físicos que no esperaba y las presiones del entorno constantemente pondrán a prueba su compromiso. Así que si desea vencer esta adicción, deberá poner todo de su parte.

Luis está en una etapa en la cual su capacidad de éxito dependerá en gran medida de que esté consciente cada minuto de lo que debe hacer.

Después de algunos meses, Luis habrá reemplazado el viejo hábito de fumar por un nuevo hábito de salud. Su vida será el producto de una nueva serie de creencias y compromisos que interiorizó y que hicieron que se comportará de una manera distinta frente a dicho hábito.

Muy posiblemente ya no tendrá que recordar constantemente todos los males asociados con fumar para vencer la tentación de hacerlo. No fumar es algo que hará de manera automática, inconscientemente.

De esta misma manera podemos atraer cualquier hábito positivo hacia nosotros o alejar cualquier hábito negativo de nuestra vida. Lo único que necesitamos es actuar con disciplina y persistencia hasta lograr aquello que nos hayamos propuesto.

Recuerda que la ley de la atracción sólo comienza a ejercer su enorme poder cuando tu manera de actuar es consistente con los objetivos que deseas lograr. La visión sin acción es nula. Aquellos pensamientos de éxito que no están respaldados por la acción consistente y decidida no producirán ningún resultado.

Podemos pensar en la palabra atracción como una palabra compuesta por los términos "atraer" y "acción". Aunque todo aquello que atraes en tu vida se forma en tu pensamiento, es la acción la encargada de materializar dicha visión.

Epílogo

"La naturaleza humana es muy propensa a creer que la dicha de la vida está en el mañana. Si en lugar de esperar a que el mañana nos depare una gran felicidad, nos empeñáramos en lograrla en el presente, adelantaríamos a grandes pasos".
—Orison Swett Marden

¿Qué puede suceder cuando decides comenzar a utilizar el gran poder que la ley de la atracción pone en tus manos? Mucho me temo que tendrás que descubrirlo tú mismo. Nadie puede atraer nada hacia tu vida; sólo tú puedes hacerlo.

El pensamiento correcto atrae hacia ti aquello que deseas. Pero es la acción la que hace que puedas recibirlo. Sin acción, las oportunidades que buscabas pueden pasar frente a ti sin que las veas. Si es así, de nada te sirvió atraerlas mediante el uso del pensamiento correcto.

Querer triunfar, tener buenas intenciones y contar con grandes sueños no es suficiente. Muchas personas quieren eso, y sin embargo se mantienen pobres toda su vida, sin lograr las metas que soñaban. Por cada gran idea que cambió la historia de la humanidad, miles de ideas nunca se materializaron, porque aquellos que las concibieron y quizás desarrollaron un plan para lograrlas, nunca actuaron.

No te detengas a pensar en todos los problemas que puedan surgir. Muchas personas planean y ensayan su propio fracaso al malgastar una gran cantidad de tiempo anticipando lo peor, y como resultado de eso, atraen lo peor.

En cierta ocasión escuché la definición de la palabra infierno. Debo confesarte que eso fue todo lo que necesité para saber que debía actuar de manera inmediata. Decía así: "Infierno es llegar al final de nuestros días y encontrarnos cara a cara con la persona en la cual pudimos habernos convertido".

Recuerda que nosotros atraemos hacia nuestra vida aquello en lo que enfocamos nuestro pensamiento de manera constante. Si crees que lo que has leído suena muy bien, y posiblemente funcionará para otros, pero no para ti, pues eso es lo que obtendrás. Pero si decides que lo que leíste fue escrito especialmente para ti; que esto era lo que necesitabas para comenzar una nueva etapa de tu vida, pronto verás como comienzas a atraer hacia ti aquellos resultados consistentes con tu nueva forma de pensar y actuar.

Recuerda que tu mundo exterior no es mas que un reflejo de tu mundo interior. El éxito no es el resultado de la suerte o la coincidencia, sino de lo que has atraído con tus pensamientos dominantes. Napoleón Hill dice que millones de personas se pasan la vida esperando un *golpe de suerte* favorable que cambie su vida, sin darse cuenta que ellos construyen su propia suerte, y son los arquitectos de su propio destino.

Prepárate, porque aquello que deseas atraer hacia ti, si lo deseas profundamente; si crees con absoluta fe y convicción que lo alcanzarás; si responde a tu propósito de vida y misión personal, y estás decidido a persistir hasta lograrlo, seguramente ya está en camino.

Otras obras del autor

La Vaca - Edición Ampliada

por Dr. Camilo Cruz

ISBN: 1-931059-63-2

Después de estudiar, investigar y escribir sobre el tema del éxito por casi dos décadas, el Dr. Cruz, nos resume su conclusión de que el verdadero enemigo del éxito no es el fracaso, como muchos piensan, sino el conformismo y la mediocridad. En esta extraordinaria metáfora, la vaca simboliza todo aquello que nos mantiene atados a una vida mediocre. Representa toda excusa, hábito, creencia o justificación que nos invita al conformismo y nos impide utilizar nuestro potencial al máximo.

Esta consagrada obra que más de medio millón de personas de todo el mundo han tenido la oportunidad de leer y aprovechar, ganadora del Latino Book Award al mejor libro de autoayuda en español, viene en una edición especial ampliada y reeditada que con toda seguridad sus lectores disfrutarán. Esta obra también esta disponible en su versión audiolibro en 2 CDs y en ingles en tapa dura.

Otras obras del autor

La Parábola del Triunfador

por Dr. Camilo Cruz

ISBN: 1-931059-09-8

Esta historia, llena de fábulas y enseñanzas, nos muestra que es imposible triunfar si actuamos de manera inconsistente con las leyes del éxito. Uno de los principios más conocidos e ignorados a la vez, es que todos y cada uno de nosotros somos los arquitectos de nuestro propio destino. Con nuestros pensamientos, hábitos y actitudes moldeamos nuestra vida, y al final del camino nos damos cuenta que sólo cosechamos aquello que hemos sembrado.

En este sencillo y apasionante relato, el protagonista comparte diez secretos esenciales para lograr la felicidad, a través de una serie de cartas, escritas con su hijo en mente. Esta hermosa parábola te ayudará a romper las barreras que no te han permitido lograr tus sueños y te acercará al corazón de tus hijos.

Otras obras del autor

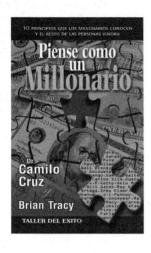

Piense como un Millonario

por Dr. Camilo Cruz

y Brian Tracy

ISBN: 1-931059-73-X

Cuando Camilo Cruz y Brian Tracy decidieron embarcarse en la búsqueda de un factor común en la creación de las fortunas de muchos millonarios, se formularon algunos interrogantes básicos sobre este grupo de individuos, con el ánimo de conocer un poco más sobre su manera de pensar, sus valores y los principios que gobiernan sus vidas. Al hacerlo, descubrieron diez principios fundamentales para la generación de riqueza, que todos estos millonarios conocen y aplican, y que el resto de las personas parece ignorar.

Aplicar estos principios nos ayudará a obtener resultados similares, mientras que ignorarlos seguramente nos condenará a vivir una vida de escasez y pobreza.